Blechkuchen

Oda Tietz

Blechkuchen

99 Rezepte – einfach köstlich

Fotos von Helga Florian

Weltbild

Inhalt

So gelingt das Backwerk

Alles über die Grund-ausrüstung, Backofen und Backbleche, Tipps und Tricks rund ums Backen und bewährtes Wissen zu allen Grundteigen

Blechkuchen: Lecker, köstlich und geformt

Einfache Genüsse von Nusskuchenvariationen über leckere Streusel-kuchen bis zu Stollen, Kränzen und Schnecken

Blechkuchen: Saftig, fruchtig und raffiniert

Beliebte Klassiker mit Früchten der Saison, neue Variationen mit Quark oder Mohn – von Rhabarberkuchen bis zur Dresdner Eierschecke

Seite 59

Blechkuchen: Herzhaft, deftig und pikant

Zarte und herzhafte Köstlichkeiten vom Tomatenkuchen über diverse Speckkuchen bis zu würzigen Kümmelhörnchen

Seite 103

So gelingt das Backwerk

Die Grundausrüstung

Gutes Handwerkszeug gehört dazu. Im Folgenden finden Sie die wichtigsten Gerätschaften und Utensilien aufgelistet, die Sie zum Backen benötigen. Und bitte beachten Sie: Alles muss pieksauber sein!

TIPP

Legen Sie wenn nötig auch etwas Mehl zum Bestäuben von Arbeitsflächen, Fett für das Backblech und Backpapier bereit.

- Küchenwaage
- Mehlsieb
- Messbecher
- Rührschüssel
- Rührlöffel
- Schneebesen
- Handrührgerät
- Nudelholz
- Teigrädchen
- Zitronenpresse
- Reibeisen
- Spatel
- Backpinsel
- Backblech
- Backpapier
- Spritzbeutel
- Loch- und Sterntüllen
- diverse Messer

TIPP

Schlagsahne, die bereits 2 bis 3 Tage im Kühlschrank steht, lässt sich besser steif schlagen als ganz frische Sahne. Füllungen mit Sahne brauchen einen Stabilisator: In der Regel ist das entweder Blattgelatine oder das im Handel erhältliche Sahnesteif.

Die Rührschüssel kann aus Keramik, Edelstahl oder Plastik sein. Bei den Messern sollte man sich ein Wiegemesser, ein langes und ein breites Messer und ein kleines Obstmesser zulegen.

Der Backofen

Da Backherde mit unterschiedlicher Energiezufuhr ausgestattet sind, können die Backzeiten für die einzelnen Rezepte länger oder kürzer ausfallen. Vertrauen Sie Ihren Erfahrungen! Die Temperaturen sind bei jedem Rezept für Ober- und Unterhitze, Gas und Umluft angegeben.

Ein Kuchenblech aus Schwarz- oder Aluminiumblech gehört zur Grundausstattung eines Herdes und wird in der Regel vom Hersteller mitgeliefert. Für Heißluft und für Ober- und Unterhitze eignen sich Schwarz- oder Emaillebleche. Für den Gasherd wird ein Aluminiumblech empfohlen.

Auf einem Backblech kann man nach Belieben auch runde Kuchen backen. Dafür stellt man einen Tortenring aus Metall auf das Blech. Da Tortenringe in der Regel verstellbar sind, kann man die jeweilige Größe des Kuchens selbst bestimmen. Ratsam ist auch die Anschaffung eines ausziehbaren Backblechs (von 33 bis 52 Zentimeter), da es sich für kleine und große Kuchen eignet. Außerdem passt es in alle Backöfen.

Die richtige Vorbereitung

Lesen Sie sich bei jedem Rezept zunächst die Zutatenliste durch, damit Sie wissen, was Sie benötigen. Wiegen Sie dann die Zutaten genau ab, denn beim Backen kommt es auf exakte Mengen an! Die Zutaten sollten, falls nicht anders angegeben, alle die gleiche Temperatur haben. Stellen Sie die Zutaten in Reichweite, bevor Sie loslegen. Heizen Sie falls nötig den Backofen vor.

Die Zutaten

Entscheiden Sie sich bei den Zutaten immer für beste Qualität. Butter, Eier und Sahne sollten frisch sein. Der Fettgehalt der Sahne sollte mindestens 30 Prozent betragen, denn dann ist sie standfester und hat mehr Volumen.

Bevor Sie loslegen, sollten Sie sich die Zutatenliste durchlesen und sämtliche Zutaten in Reichweite bereitlegen.

Eier

- Die in den Rezepten verwendeten Eier stammen von frei laufenden Hühnern und haben ein Gewicht von etwa 70 Gramm pro Ei.
- Eier dienen dem Backwerk als Bindemittel und geben ihm Glanz, Farbe und Nährwert. Weil sie aber zu den leicht verderblichen Lebensmitteln zählen, sollten sie, bevor man sie an den Teig gibt, über einer Tasse aufgeschlagen werden.
- Ist das Eigelb von kugeliger Form und das Eiweiß dickflüssig, ist das Ei gut. Bei einem frischen Ei »steht« das Eiweiß regelrecht.
- Die Frische von einem Ei lässt sich auch überprüfen, indem man es in ein Glas mit kaltem Wasser legt. Sinkt das Ei auf den Boden, hat es die für den Teig gewünschte Qualität.
- Wenn Sie Eiweiß zu Schnee schlagen wollen, achten Sie darauf, dass die Arbeitsgeräte sauber und fettfrei sind.

Salz und Zucker

Salz und Zucker gehören zu jedem Teig, wobei der Zucker meist das Übergewicht hat. Für die Rezepte in diesem Buch wurden feiner Raffinade-Haushaltszucker und Puderzucker (für Zuckerglasuren) verwendet. Bitte den Puderzucker vor dem Verwenden stets sieben!

Das Mehl

Weizenmehl sollte stets gesiebt dem Teig zugegeben werden. Dann ist es aufgelockert und verbindet sich leichter mit den übrigen Zutaten. Bei der Vorratshaltung von Mehl ist darauf zu achten, dass es trocken und vor Fremdgerüchen geschützt gelagert wird.

Das Backpulver

Backpulver hebt das Backwerk und macht es luftig und locker. Es sollte trocken und kühl aufbewahrt werden. Bevor es an den Teig kommt, wird es mit Mehl vermischt.

Die Garprobe

Am besten sticht man gegen Ende der Backzeit mit einem Holzstäbchen in den Kuchen. Wenn beim Herausziehen keine Teigreste mehr daran hängen bleiben, kann das Backwerk aus dem Ofen genommen werden.

TIPP

Vor allem bei Blechkuchen mit Früchten oder besonders saftigen Belagen empfiehlt sich immer eine Garprobe, da sich die Backzeit unter Umständen verlängern kann.

Die Grundteige

Vor dem Essvergnügen steht das Backvergnügen. Damit auch alles gut gelingt, finden Sie im Folgenden die wichtigsten Informationen, Tipps und Tricks für die Grundteige. So können Sie mit einiger Übung auch eigene Kreationen mit Ihren Lieblingszutaten ausprobieren. Für den Fall, dass Sie eine bestimmte Teigart überhaupt nicht mögen, oder wenn Sie einen ausgesprochenen Lieblingsteig haben, können Sie sich schnell einen Überblick verschaffen, welche Rezepte für Sie infrage kommen: Bei jedem Rezept ist die verwendete Teigart mit angegeben.

Mürbteig

Mürbteig liebt die Kälte, daher sollten alle Zutaten kalt sein. Der Mürbteig verträgt zwar viel Butter, aber wenig Eier, denn sie machen den Teig hart. Zunächst Mehl und Backpulver mischen und in eine Schüssel sieben. In die Mitte eine Vertiefung drücken. Dann Zucker, Vanillezucker, Salz, Ei und gegebenenfalls Milch in die Vertiefung geben. Mit etwas Mehl bestäuben und einen breiartigen Vorteig bereiten. Die Butter in Stückchen

daraufgeben und von der Mitte her alle Zutaten zu einem glatten Teig verkneten. Der Teig sollte kräftig, aber rasch geknetet werden und sollte danach – zu einer Kugel geformt – etwa 30 Minuten kalt gestellt werden. Als Belag für Mürbteig eignen sich besonders Obst, Mohn, Quark und Konfitüre.

Rührteig

Die Reihenfolge der Teigzubereitung ist immer die gleiche und leicht zu merken: Zuerst die Butter schaumig schlagen, dann den Zucker unterrühren, bis er sich aufgelöst hat. Danach einzeln die Eier unterrühren und zuletzt das mit Backpulver vermischte, gesiebte Mehl hinzufügen. Sobald das Mehl nicht mehr sichtbar ist, nicht mehr rühren, denn zu langes Rühren aktiviert das Klebereiweiß im Mehl, und der Teig wird zäh. Perfekt ist der Teig dann, wenn er schwer reißend vom Löffel fällt.

Hefeteig

Für den Hefeteig müssen alle Zutaten Zimmertemperatur haben, also Eier, Butter usw. rechtzeitig aus dem Kühl-

TIPP

Gibt man zu kalte Flüssigkeit (unter 30 °C) zur Hefe, wird die Triebkraft gebremst und der Prozess des Aufgehens verlangsamt sich. Zu heiße Flüssigkeit hingegen tötet die Hefebakterien ab. Der Teig bleibt »sitzen«. Dasselbe geschieht, wenn der Teig Zugluft ausgesetzt ist.

Der Mürbteig will schnell und kräftig verknetet werden. Hefeteig hingegen braucht viel Ruhe.

schrank nehmen. Das Mehl in eine Schüssel sieben und in die Mitte eine Vertiefung drücken. Zerbröckelte Hefe mit etwas Zucker und lauwarmer Milch vermischen und in die Vertiefung gießen. Etwas Mehl vom Rand dazugeben und einen breiartigen Vorteig herstellen. Zugedeckt an einem warmen Ort mindestens 20 Minuten gehen lassen. Dann die restlichen Zutaten auf dem Mehlrand verteilen. Von der Mitte her die Zutaten zu einem geschmeidigen Teig verkneten. Er ist richtig, wenn er sich vom Schüsselboden löst und seidig glänzt. Den Teig nochmals zugedeckt gehen lassen, bis er sein Volumen in etwa verdoppelt hat. Beachten Sie bitte, dass Hefe nicht unmittelbar mit Salz in Berührung kommen darf, denn Salz entzieht den Hefezellen die Feuchtigkeit. Auch der direkte Kontakt mit Fett muss vermieden werden, sonst können sich die Hefezellen nicht vermehren. Die Folge davon ist, dass der Teig nicht aufgeht. Sobald der Hefeteig auf dem Blech liegt, sollten Sie ihn mehrmals mit einer Gabel einstechen. Dadurch verhindern Sie, dass sich im Teig Luftblasen bilden und der Boden sich aufwölbt. Bei Kleingebäck aus Hefe sollten Sie auch darauf achten, dass Sie die Teilchen nicht zu dicht auf das Blech setzen, da der Teig noch aufgeht.

Quark-Öl-Teig

Nichts kann schiefgehen, wenn der abgetropfte Quark gut mit Milch, Ei, Öl, Zucker und Gewürzen verrührt wird und wenn Mehl und Backpulver gut vermischt und durch ein Sieb gegeben werden. Mischen und Sieben machen das Mehl locker und verteilen das Backpulver gleichmäßig. Das Backwerk wird dadurch besser gelockert. Öl sollte keinesfalls durch anderes festes Fett ersetzt werden. Backwerk aus diesem Teig sollte rasch verzehrt werden, denn der Teig wird schnell trocken. Am besten bewahrt man es in einer Frischhaltebox auf.

Biskuitteig

Für Biskuitteig werden die Eier in der Regel getrennt. Das Eigelb wird mit dem Zucker zunächst kräftig schaumig geschlagen. Dazu benötigt man eine gewisse Ausdauer. Kommt Butter an den Teig, gibt man sie flüssig, aber abgekühlt dazu. Das Eiweiß wird getrennt in einer separaten Schüssel steif geschlagen – am besten mit einer Prise Salz – und dann vorsichtig unter die Eigelbmasse gehoben. Damit der Teig schön feinporig und zart wird, kann man einen Teil des Mehls durch Speisestärke ersetzen.

TIPP

Speisestärke, die aus Kartoffeln, Mais oder Reis gewonnen wird, sollte stets trocken, luftdicht und dunkel gelagert werden.

Hefeteig sollte man einstechen, damit er keine Blasen wirft. Biskuitteig hingegen will behutsam behandelt werden.

Glasieren und Verzieren

Blechkuchen mit Glasur oder mit Kuvertüre sehen nicht nur toll aus, der Kuchen ist so auch vor dem Austrocknen geschützt. Und da das Auge bekanntlich mitisst, kommen dekorative Elemente aus Schokolade, Marzipan oder kandierten Blüten besonders gut an.

Feine Glasuren

Für dekorative Verzierungen eignet sich besonders Zuckerguss. Den gesiebten Puderzucker einfach mit Wasser anrühren oder mit Zitronensaft, Orangensaft, Rum, Rosenlikör oder Rosenwasser verfeinern.

Rosenlikör

- Sie brauchen etwa 200 g stark duftende, frisch gepflückte und ungespritzte Rosenblütenblätter, ¼ l kochendes Wasser, 200 g Zucker, ½ l Korn und 5 cl Weinbrand.
- Von den Rosenblütenblättern den bitteren Stielansatz entfernen. Die Blätter in eine Schüssel legen und mit kochendem Wasser überbrühen, bis sie knapp bedeckt sind.
- Zugedeckt über Nacht ziehen lassen. Das Rosenwasser durch ein Sieb geben, 200 g Zucker zufügen, alles unter Rühren erhitzen. Dann vom Herd nehmen und auskühlen lassen.
- Zum Abschluss Korn und Weinbrand einrühren. Den Likör in eine Flasche füllen, 3 bis 4 Tage kühl lagern.

Rosenwasser

- 125 g stark duftende, frisch gepflückte und ungespritzte Rosenblütenblätter reinigen und die bitteren Stielansätze entfernen.
- Mit ½ l warmem Wasser übergießen, sodass die Rosenblütenblätter knapp bedeckt sind.
- Zugedeckt 2 Tage stehen lassen. Danach abseihen und in eine dunkle Flasche füllen.

Das gewisse Etwas bekommen Teige, wenn man Rosenzucker, getrocknete Holunderblüten oder Holunderblütensirup zugibt. Ein kleiner Vorrat lässt sich leicht herstellen.

Rosenzucker

- Von 100 g frisch gepflückten, gereinigten und ungespritzten Rosenblütenblättern wird der bittere Stielansatz entfernt.
- Danach beträufelt man die Blätter mit dem Saft von einer Zitrone und lässt alles zwei Stunden ziehen.
- Abschließend gibt man 100 g feinen Zucker dazu, zerreibt die Rosenblütenblätter darin und füllt alles in ein gut verschließbares Glas.

Getrocknete Holunderblüten

Am besten trocknet man die Blütendolden, indem man sie – geschützt vor Regen und Feuchtigkeit – an einer Wäscheleine aufhängt. Auf diese Weise bleibt nicht nur ihr Geschmack erhalten, sie behalten auch ihre grünliche Farbe. Werden Holunderblüten im Liegen getrocknet, büßen sie viel an Geschmack ein und nehmen eine triste Beigefärbung an.

Holunderblütensirup

- 20 große Holunderblütendolden reinigen und in eine Keramikschüssel

legen. 3 gewaschene unbehandelte Zitronen in Scheiben schneiden und zufügen.
- 1½ l Wasser zum Kochen bringen, dann 1½ kg Zucker einrühren. So lange rühren, bis sich der Zucker vollständig aufgelöst hat. Die Flüssigkeit über die Holunderblütendolden gießen.
- Zugedeckt 3 Tage ziehen lassen, dann durch ein Sieb gießen, in Flaschen füllen und gut verschlossen lagern.

Formen aus Schokolade

Mit kleinen Kunstwerken aus Kuvertüre kann man große Wirkungen erzielen. Es geht ganz einfach:
- Geben Sie dafür geschmolzene Kuvertüre auf ein Backblech oder eine gekühlte Platte und schaben Sie mit einem Spatel davon kleine Röllchen ab (→ Abbildungen unten) oder stechen Sie mit kleinen Ausstechförmchen Herzen, Kleeblätter, Sonne, Mond und Sterne usw. aus.
- Auch Schokoladenblätter kann man ganz einfach selbst herstellen. Bestreichen Sie die Blattunterlage von frisch gepflückten, unbehandelten Rosen- oder Veilchenblättern mit geschmolzener Kuvertüre und lassen Sie die Masse fest werden.
- Danach geben Sie eine zweite Kuvertüreschicht darauf. Sobald die Masse erstarrt ist, ziehen Sie die Blätter vorsichtig ab.

- Schokoraspeln können Sie mithilfe eines Reibeisens mit grober Scheibe herstellen, Späne mithilfe eines Kartoffelschälers. Die Kuvertüre sollte dafür gut gekühlt sein.
- Aus Marzipan-Rohmasse lassen sich fantasievolle Schmuckelemente herstellen. Dazu Marzipan-Rohmasse mit Puderzucker im Verhältnis 2 zu 1 formbar machen. Gibt man der Masse einige Tropfen Speisefarbe zu, lassen sich Blüten, Blätter, Herzen und vieles mehr zaubern.

Kandierte Blüten

Verzuckerte Blüten wirken besonders dekorativ und verleihen dem Backwerk Poesie sowie eine persönliche Note. Allerdings eignen sich nur ungespritzte Blumen und Blüten.
So kandieren Sie die Blüten:
- Frisch gepflückte, ungespritzte Blüten reinigen und die bitteren Stielansätze entfernen.
- 1 bis 2 Eiweiß mit einer Gabel leicht verschlagen. Die Blüten mithilfe einer Pinzette in die Eiweißmasse tauchen, überflüssiges Eiweiß abschütteln, danach die Blüten in ein Zuckerbett aus feinem Kristallzucker (keinen Puderzucker verwenden!) geben und mit Zucker bestreuen.
- Die Blüten im Zuckerbett oder im vorgeheizten Backofen bei 50 °C trocknen lassen. Die Ofentür spaltbreit geöffnet lassen.

T I P P

Zerkleinerte und im heißen Wasserbad geschmolzene Kuvertüre fällt besonders glanzvoll aus, wenn sie nach dem Abkühlen ein weiteres Mal geschmolzen wird. Achten Sie aber darauf, dass die Kuvertüre nicht zu heiß wird, sonst bilden sich Krümel.

T I P P

Zum Kandieren eignen sich besonders gut Rosen, Rosenblütenblätter, Veilchen, Nelken, Holunderblüten- dolden, Gänseblümchen, Jasmin oder Reseda.

Blechkuchen: Lecker, köstlich und geformt

Festtagskuchen

→ Foto

Rührteig
(→ Seite 10)

Für den Teig: 100 g Rosinen • 2 EL Rum
4 Eier • 250 g Butter • 250 g Zucker
1 TL abgeriebene Zitronenschale
150 g abgetropfter Quark • 1 Prise Salz
100 ml Milch • 350 g Mehl • 50 g Speisestärke • 1 Päckchen Backpulver
50 g gehackte Mandeln • 50 g fein
geschnittenes Zitronat • 1 EL Semmelbrösel • 1 EL gemahlene Mandeln
Für den Guss: 300 g Puderzucker
3 EL Kakao • 20 g weiche Butter
Außerdem: 30 ganze geschälte,
geröstete Mandeln

TIPP

Sie können für
den Guss den
Puderzucker statt
mit Wasser auch
mit 3 Esslöffel Rum
oder Rosenwasser
(→ Seite 12) verrüh-
ren. Das schmeckt
besonders fein.

1 Die Rosinen waschen und mit Rum beträufeln. Die Eier trennen. Butter und Zucker schaumig rühren. Eigelb, Zitronenschale, Quark, Salz und Milch einrühren. Mehl, Speise-stärke und Backpulver vermischen, auf die Buttermasse sieben und unter-rühren.

2 Rosinen in etwas Mehl wälzen und mit den Mandeln und dem Zitronat unterheben. Das Eiweiß steif schlagen und ebenfalls unterheben. Ein Backblech einfetten. Semmelbrö-sel und Mandeln vermischen, auf das Backblech streuen.

3 Den Teig daraufgeben und glatt streichen. Im vorgeheizten Back-ofen bei 200 °C (Gas Stufe 3, Umluft 180 °C) etwa 25 Minuten backen. Herausnehmen, auskühlen lassen.

4 Puderzucker sieben, mit dem Kakao vermischen. 3 Esslöffel heißes Wasser und die Butter zuge-ben, alles glatt rühren. Den Kuchen damit überziehen und mit den gerös-teten Mandeln verzieren.

Möhren-Mandel-Kuchen

Rührteig
(→ Seite 10)

Für den Teig: 500 g Möhren • 5 Eier
350 g Zucker • 1 Prise Salz • 1 TL abge-
riebene Zitronenschale • 400 g gemahlene
Mandeln • 100 g Mehl • 1 Päckchen
Backpulver • 100 g Pinienkerne
Außerdem: 50 g Puderzucker

TIPP

Anstelle der Pinien-
kerne können Sie
zum Verzieren auch
ganze Mandeln
oder Walnusshälften
verwenden.

1 Die Möhren putzen, waschen und reiben. Die Eier trennen. Eigelb, Zucker, Salz und Zitronen-schale schaumig rühren.

2 Möhren, Mandeln, Mehl und Backpulver zugeben und unter-mischen. Das Eiweiß steif schlagen und unterheben.

3 Ein Backblech einfetten. Die Masse daraufgeben und glatt streichen. Pinienkerne aufstreuen.

4 Im vorgeheizten Backofen bei 180 °C (Gas Stufe 2, Umluft 160 °C) etwa 35 Minuten backen. Herausnehmen, auskühlen lassen. Mit Puderzucker bestäuben.

Zitronenkuchen

→ Foto

Rührteig
(→ Seite 10)

TIPP

Anstelle der Ingwer-
stäbchen kann man
auch kandierte
Früchte verwenden.
Eine besondere Note
verleiht man dem
Backwerk, wenn
man es mit ver-
zuckerten Rosen-
blütenblättern
(→ Seite 13) krönt.

Für den Teig: 50 g kandierter Ingwer
50 g Zartbitter-Schokolade • 250 g weiche
Butter • 250 g Zucker • 1 Prise Salz • 5 Eier
100 g Schmant • 300 g Mehl • 50 g Speisestärke • 2 TL Backpulver • 1 TL Zitronenschale • 2 TL Zitronenaroma (Reformhaus)
6 EL Zitronenlikör oder Zitronensaft
Außerdem: 250 g Puderzucker
3 EL Zitronensaft • Ingwerstäbchen mit
Schokoladenüberzug (Fertigware)

1 Den Ingwer fein schneiden. Schokolade raspeln. Butter, Zucker
und Salz schaumig rühren. Nach und
nach die Eier und den Schmant einrühren.

2 Mehl, Speisestärke und Backpulver vermischen, sieben und
nach und nach einrühren. Anschließend Zitronenschale, Zitronenaroma,
Ingwerstücke und Schokolade unterheben.

3 Ein Backblech mit Backpapier
belegen, den Teig auffüllen und
glatt streichen. Im vorgeheizten Backofen bei 180 °C (Gas Stufe 2, Umluft
160 °C) etwa 25 Minuten backen.
Herausnehmen, mit Zitronenlikör
beträufeln.

4 Puderzucker sieben, mit Zitronensaft verrühren, den Kuchen
damit überziehen. Abschließend mit
Ingwerstäbchen verzieren.

Aniskuchen

Rührteig
(→ Seite 10)

TIPP

Bevor Sie Anis- und
Fenchelkörner mah-
len, sollten Sie diese
in einer Pfanne
ohne Fett kurz
anrösten – so entfal-
ten sie ihr volles
Aroma und lassen
sich im Mörser
leichter mahlen.

Für den Teig: 10 Eier • 300 g Zucker
1 TL abgeriebene Zitronenschale
15 g gemahlener Anis • 8 g gemahlener
Fenchel • 50 g gehackte Mandeln
je 50 g fein geschnittenes Zitronat und
Orangeat • 350 g Mehl • 2 TL Backpulver
Für den Belag: 30 ganze geschälte
Mandeln • 200 g Johannisbeergelee
200 g Puderzucker • 3 EL Zitronensaft

1 Eier und Zucker verrühren. Zitronenschale, Anis, Fenchel, Mandeln, Zitronat und Orangeat unterrühren. Mehl und Backpulver mischen,
auf die Masse sieben und unterheben.

2 Ein Backblech mit Backpapier
belegen. Den Teig daraufgeben
und glatt streichen. Im vorgeheizten
Backofen bei 200 °C (Gas Stufe 3,
Umluft 180 °C) etwa 25 Minuten
backen. Herausnehmen, etwas auskühlen lassen, Backpapier abziehen.

3 Die ganzen Mandeln ohne Fett in
einer Pfanne goldgelb rösten.
Das Johannisbeergelee leicht erwärmen, den Kuchen damit bestreichen.

4 Puderzucker in eine kleine
Schüssel sieben, mit Zitronensaft
verrühren. Den Kuchen mit der Glasur
überziehen und die Mandeln darauf
anordnen.

Pecannusskuchen

Hefeteig
(→ Seite 10 f.)

Für den Teig: 400 g Mehl • 25 g Hefe
100 g Zucker • 200 ml Milch • 1 Ei
100 g weiche Butter • 1 TL abgeriebene
Zitronenschale • je 30 g fein geschnittenes
Zitronat und Orangeat
Für den Belag: 200 g Butter
6 EL Ahornsirup • 150 g brauner Zucker
2 TL Lebkuchengewürz
300 g Pecannüsse
Außerdem: 50 g Halbbitter-Kuvertüre

1 Das Mehl in eine Schüssel sieben, in die Mitte eine Vertiefung drücken.

2 Die Hefe zerbröckeln, mit 1 Teelöffel Zucker in etwas lauwarmer Milch verrühren, in die Vertiefung geben.

3 Etwas Mehl vom Rand einrühren und einen breiartigen Vorteig bereiten. Zugedeckt an einem warmen Platz 20 Minuten gehen lassen.

4 Auf dem Mehlrand den restlichen Zucker, das Ei, die Butter in Flöckchen, Zitronenschale, Zitronat und Orangeat anordnen.

5 Die Zutaten von der Mitte her zu einem glatten Teig verkneten, dabei die restliche Milch zufügen. Nochmals zugedeckt 30 Minuten gehen lassen.

6 Die Butter erhitzen, Ahornsirup, Zucker und Lebkuchengewürz hineingeben. Alles bei leichter Hitze verrühren. Vom Herd nehmen, auf Zimmertemperatur auskühlen lassen.

7 Die Nüsse grob hacken. Ein Backblech einfetten. Den Teig auf bemehlter Fläche ausrollen, auf das Backblech legen, einen Rand hochziehen.

8 Den Teig mit einer Gabel mehrmals einstechen. Die Hälfte der Buttermischung aufstreichen. Die Nüsse aufstreuen, die restliche Buttermischung darübergeben.

9 Im vorgeheizten Backofen bei 200 °C (Gas Stufe 3, Umluft 180 °C) etwa 25 Minuten backen. Herausnehmen, auskühlen lassen.

10 Die Kuvertüre schmelzen, in feinen Linien über den Kuchen ziehen.

TIPP

Zitronat und Orangeat lassen sich auch selbst herstellen. Dazu eine unbehandelte Frucht waschen, schälen, die Schale in kleine Würfel schneiden und in ein Schraubglas mit Honig geben. Dann in den Kühlschrank stellen.

TIPP

Die Pecannuss ist verwandt mit der Walnuss, jedoch ist sie milder im Geschmack. Die Nüsse lassen sich lange lagern, im Kühlschrank bleiben sie etwa 10 Monate lang frisch.

Kokoskuchen

→ Foto

Rührteig
(→ Seite 10)

Für den Teig: 4 Eier • 300 g Zucker
1 TL abgeriebene Zitronenschale
400 g Mehl • 1 Päckchen Backpulver
300 ml Buttermilch
Für den Belag: 150 g Zucker
100 g Kokosraspel • 100 g Mandelblättchen • 300 ml Schlagsahne

1 Die Eier schaumig rühren. Nach
und nach den Zucker einrühren,
die Zitronenschale zufügen. Mehl
und Backpulver vermischen, sieben,
nach und nach mit der Buttermilch
einrühren.

2 Ein Backblech mit Backpapier
belegen, den Teig daraufgeben,
glatt streichen.

3 Zucker, Kokosraspel und Mandelblättchen vermischen, auf den
Teig streuen.

4 Im vorgeheizten Backofen bei
180°C (Gas Stufe 2, Umluft
160°C) etwa 25 Minuten backen.

5 Herausnehmen, mit einem Holz-
stiel kleine Löcher in den Kuchen
stechen, die Sahne hineinträufeln.
Den Kuchen anschließend über Nacht
ruhen lassen.

Dunkler Kokoskuchen

Rührteig
(→ Seite 10)

Für den Teig: 200 g weiche Butter
200 g Zucker • 1 Päckchen Vanillezucker
4 Eier • 4 EL Milch • 1 Prise Salz
2 Tropfen Rum-Aroma • je 1 Messerspitze
Zimt, Nelken und Kardamom • 200 g Mehl
50 g Speisestärke • 2 TL Backpulver
2 EL Kakao • 50 g geriebene Zartbitter-
Schokolade • 50 g fein geschnittenes
Zitronat • 125 g Kokosraspel
Für die Kuvertüre: 150 g Zartbitter-
Schokolade • 20 g Kokosfett

1 Die Butter schaumig rühren, nach
und nach Zucker, Vanillezucker
und die Eier unterrühren. Dann Milch,
Salz, Rum-Aroma, Zimt, Nelken und
Kardamom einrühren.

2 Mehl, Speisestärke, Backpulver
und Kakao vermischen, sieben
und mit der Schokolade und dem
Zitronat einrühren. Kokosraspel untermischen.

3 Ein Backblech mit Backpapier
belegen, den Teig daraufgeben
und glatt streichen. Im vorgeheizten
Backofen bei 180°C (Gas Stufe 2,
Umluft 160°) etwa 25 Minuten
backen. Herausnehmen, auskühlen
lassen, zum Schluss Backpapier
abziehen.

4 Die Schokolade zerkleinern,
Kokosfett zufügen, über dem
heißen Wasserbad zum Schmelzen
bringen. Auskühlen lassen, den
Kuchen damit überziehen.

Hefekuchen mit Schmalzstreusel

→ Foto

Hefeteig
(→ Seite 10 f.)

Für den Teig: 100 g Rosinen • 3 EL Rum
500 g Mehl • 30 g Hefe • 80 g Zucker
¼ l Milch • 1 TL abgeriebene Zitronenschale • 1 Ei • 80 g weiche Butter
Für die Streusel: 250 g Zucker
250 g Mehl • 250 g Butterschmalz
2 EL Kakao
Außerdem: 50 g zerlassene Butter
zum Beträufeln

1 Die Rosinen waschen, mit Rum begießen, zugedeckt bis zur Weiterverarbeitung in Schritt 5 ziehen lassen.

2 Das Mehl in eine Schüssel sieben, in die Mitte eine Vertiefung drücken.

3 Die Hefe zerbröckeln, mit 1 Teelöffel Zucker in etwas lauwarmer Milch verrühren und dann in die Vertiefung gießen.

4 Etwas Mehl vom Rand einrühren und einen breiartigen Vorteig bereiten. Zugedeckt 20 Minuten an einen warmen Platz stellen und gehen lassen. Den Teig während der Gehzeit gut vor Zugluft schützen.

5 Den restlichen Zucker, die eingelegten Rosinen, die Zitronenschale, das Ei und die Butter in Flöckchen auf den Mehlrand geben.

6 Die Zutaten von der Mitte her zu einem glatten Teig verkneten, dabei die restliche Milch zufügen. Nochmals 30 Minuten zugedeckt an einen warmen Ort stellen und gehen lassen.

7 Ein Backblech einfetten. Den Teig auf bemehlter Fläche ausrollen, auf das Backblech geben, einen Rand hochziehen.

8 Den Teig mit einer Gabel mehrmals einstechen, damit sich keine Blasen bilden.

9 Aus Zucker, Mehl und Butterschmalz Streusel formen. Unter die Hälfte der Streusel den Kakao mischen. Anschließend die hellen und dunklen Streusel auf dem Teig verteilen.

10 Im vorgeheizten Backofen bei 200 °C (Gas Stufe 3, Umluft 180 °C) etwa 30 Minuten backen. Herausnehmen und sofort mit der zerlassenen Butter beträufeln.

TIPP

Wenn Sie prüfen möchten, ob Hefe frisch ist, geben Sie ein kleines Stückchen in ein Glas mit heißem Wasser. Wenn es sofort nach oben steigt, dann ist die Treibkraft noch vorhanden.

TIPP

Eine festliche Note bekommt der Kuchen, wenn er mit verzuckerten Holunderblütendolden oder mit kandierten Rosenblüten (→ Seite 13) verziert wird.

Würziger Streuselkuchen

Rührteig
(→ Seite 10)

Für den Teig: 100 g Halbbitter-Kuvertüre
100 ml Milch • 150 g weiche Butter
80 g Zucker • 1 Prise Salz
2 EL Lebkuchengewürz • 2 Eier
4 EL Schokoladenlikör • 50 g Rosinen
250 g Mehl • 2 TL Backpulver
100 g gemahlene Haselnüsse
50 g fein geschnittenes Zitronat
Für die Streusel: 200 g Mehl
200 g Zucker • 50 g gehackte Haselnusskerne • ½ TL Zimt • 200 g kalte Butter

1 Die Kuvertüre zerkleinern. Die
Milch erwärmen, die Kuvertüre
zugeben, auflösen, abkühlen lassen.

2 Butter, Zucker und Salz schaumig rühren. Lebkuchengewürz
und nach und nach die Eier, den Likör
und die aufgelöste Kuvertüre einrühren.

3 Die Rosinen waschen und
abtropfen lassen. Das Mehl mit
dem Backpulver vermischen, auf die
Buttermasse sieben und mit den Nüssen, dem Zitronat und den Rosinen
unterheben.

4 Ein Backblech mit Backpapier
belegen, den Teig daraufgeben
und glatt streichen.

5 Für die Streusel das Mehl sieben,
Zucker, Haselnüsse, Zimt und die
Butter in Stückchen zugeben. Streusel
formen, auf den Belag streuen.

6 Im vorgeheizten Backofen bei
200 °C (Gas Stufe 3, Umluft
180 °C) etwa 25 Minuten backen.

TIPP

Sie können die
dunklen und die
hellen Streusel auch
in diagonalen Linien
oder streifenartig
über dem Teig
verteilen.

Gefüllter Bienenstich

Hefeteig
(→ Seite 10 f.)

Für den Teig: 500 g Mehl • 30 g Hefe
100 g Zucker • ¼ l Milch
80 g weiche Butter • 1 Ei • 1 Prise Salz
50 g gemahlene Mandeln
1 TL abgeriebene Zitronenschale
Für den Belag: 250 g Butter
250 g Zucker • 250 g Mandelblättchen
2 EL Milch
Für die Füllung: 1 Päckchen Vanille-
Puddingpulver • 1 EL Speisestärke
4 EL Zucker • ½ l Milch • 6 EL Kaffeesahne • 2 Eigelb • ¼ l Schlagsahne

TIPP

Am besten
schneidet man den
Kuchen zunächst in
vier Teile, dann lässt
er sich besser
waagerecht durch-
schneiden.
Machen Sie mit
einem kleinen spit-
zen Messer Markie-
rungen und nehmen
Sie dann zum Teilen
einen speziellen
Tortenschneider
zuhilfe. Wer keinen
Tortenschneider hat,
nimmt reißfesten
Zwirn.

1 Das Mehl in eine Schüssel sieben, in die Mitte eine Vertiefung
drücken. Die Hefe zerbröckeln, mit
1 Teelöffel Zucker in etwas lauwarmer
Milch verrühren, in die Vertiefung
gießen.

2 Etwas Mehl vom Rand einrühren
und einen breiartigen Vorteig
bereiten. Zugedeckt an einen warmen
Platz stellen und 20 Minuten gehen
lassen.

3 Auf dem Mehlrand den restlichen
Zucker, die Butter in Flöckchen,
das Ei, das Salz, die Mandeln und die
Zitronenschale anordnen. Von der
Mitte her die Zutaten zu einem glatten
Teig verkneten, dabei die restliche
Milch zufügen. Nochmals zugedeckt
30 Minuten gehen lassen.

TIPP

Der Bienenstich
schmeckt besonders
gut, wenn er über
Nacht durchziehen
kann.

4 Ein Backblech einfetten. Den Teig
auf bemehlter Fläche ausrollen,
auf das Backblech legen, einen Rand
hochziehen. Den Teig mit einer Gabel
mehrmals einstechen, damit sich
keine Blasen bilden.

5 Für den Belag die Butter zerlassen, Zucker und Mandeln einrühren, kurz erhitzen, danach auf Zimmertemperatur abkühlen lassen, dann
die Milch einrühren. Die Masse auf den
Teig streichen. 10 Minuten gehen
lassen.

6 Im vorgeheizten Backofen bei
200 °C (Gas Stufe 3, Umluft
180 °C) etwa 30 Minuten backen.

7 Für die Füllung das Puddingpulver mit der Speisestärke vermischen, 1 Esslöffel Zucker zufügen
und mit etwas kalter Milch verrühren.

8 Die restliche Milch zum Kochen
bringen, das angerührte Puddingpulver einrühren, den restlichen
Zucker zufügen, alles kurz aufkochen
lassen, vom Herd nehmen und etwas
auskühlen lassen.

9 Kaffeesahne und Eigelb verrühren, dann unter den Pudding rühren. Auskühlen lassen, dabei hin und
wieder umrühren, damit sich keine
Haut bildet. Die Sahne steif schlagen
und unterrühren.

10 Den ausgekühlten Bienenstich
waagerecht durchschneiden, die
Unterseite mit der Creme bestreichen,
dann den Kuchen wieder zusammen-
setzen. Kalt stellen.

Streuselkuchen mit Mandelfüllung

→ Foto

Quark-Öl-Teig
(→ Seite 11)

Für den Teig: 150 g Quark • 100 ml Milch
1 Ei • 1 Eigelb • 8 EL Öl • 100 g Zucker
1 Prise Salz • 500 g Mehl
1 Päckchen Backpulver
Für die Füllung: 400 g gemahlene
Mandeln • 200 g Zucker • 2 Eiweiß
1 Eigelb • 6 EL Wasser
Für die Streusel: 300 g Mehl
200 g Zucker • 1 Päckchen Vanillezucker
1 Prise Zimt • 2 EL Kakao • 200 g kaltes
Butterschmalz
Außerdem: 100 g weiße Kuvertüre
zum Dekorieren

1 Den Quark durch ein Sieb in eine Schüssel streichen, mit Milch, Ei, Eigelb, Öl, Zucker und Salz verrühren.

2 Mehl und Backpulver vermischen, einen Teil des Mehls einrühren, den Rest unterkneten.

3 Ein Backblech einfetten, die Hälfte des Teiges auf bemehlter Fläche ausrollen, auf das Backblech legen und einen Rand hochziehen. Mit einer Gabel den Teig mehrmals einstechen.

4 Für die Füllung die Mandeln mit Zucker, Eiweiß, Eigelb und Wasser verrühren und die Masse auf den Teig streichen.

5 Den restlichen Teig ausrollen und auf die Mandelmasse legen, dabei die Ränder etwas andrücken.

6 Für die Streusel das Mehl in eine Schüssel sieben, Zucker, Vanillezucker, Zimt und Kakao untermischen, das Butterschmalz in Flöckchen zugeben. Streusel herstellen und über den Teig geben.

7 Im vorgeheizten Backofen bei 200 °C (Gas Stufe 3, Umluft 180 °C) etwa 30 Minuten backen.

8 Den Kuchen herausnehmen und etwas auskühlen lassen.

9 Inzwischen die Kuvertüre im heißen Wasserbad zum Schmelzen bringen und den ausgekühlten Kuchen damit dekorieren.

VARIANTE

Anstelle der Mandeln können Sie auch Haselnüsse verwenden. Besonders gut schmeckt der Kuchen dann, wenn er nach dem Backen mit 4 bis 5 Esslöffeln leicht erwärmtem Johannisbeergelee überzogen wird. Dieses können Sie leicht selbst herstellen. Dazu brauchen Sie 500 Gramm Zucker, 4 Esslöffel Zitronensaft, 100 Gramm Himbeeren, ½ Liter frisch gepressten Johannisbeersaft. Und so wird es gemacht: Zucker, Zitronensaft und Himbeeren mit dem Johannisbeersaft verrühren. So lange rühren, bis sich der Zucker gelöst hat, dann durch ein Sieb geben. Die Flüssigkeit in gut verschließbare Schraubgläser füllen, nach 2 bis 3 Tagen hat das Gelee die nötige Konsistenz.

TIPP

Jedes geschmacksneutrale Speiseöl ist für den Quark-Öl-Teig geeignet. Der Quark sollte bei der Verarbeitung sehr trocken sein. Lassen Sie ihn deshalb in einem Haarsieb gut abtropfen oder pressen Sie ihn mit einem Küchenhandtuch aus.

TIPP

Zu diesem Kuchen schmeckt Sahne besonders gut. Sie müssen sie aber nicht unbedingt zuckern, denn der Kuchen hat auch so schon eine kräftige Süße.

Butterkuchen

Hefeteig
(→ Seite 10 f.)

Für den Teig: 500 g Mehl • 30 g Hefe
50 g Zucker • ¼ l Milch • 1 Prise Salz
1 Ei • 1 TL abgeriebene Zitronenschale
50 g fein geschnittenes Zitronat
50 g gemahlene Haselnusskerne
Für den Belag: 250 g Butter
250 g Zucker • je 125 g gehackte Mandeln
und Mandelblättchen • 2 EL Milch

1 Das Mehl in eine Schüssel sieben, in die Mitte eine Vertiefung drücken. Die Hefe zerbröckeln, mit dem Zucker in etwas lauwarmer Milch verrühren, in die Vertiefung gießen. Etwas Mehl aufstreuen. Zugedeckt an einem warmen Platz 20 Minuten gehen lassen.

2 Auf dem Rand Salz, Ei, Zitronenschale, Zitronat und Nüsse anordnen. Von der Mitte her alles zu einem glatten Teig verkneten, dabei die restliche Milch zufügen. Nochmals 30 Minuten gehen lassen.

3 Ein Backblech einfetten. Den Teig auf bemehlter Fläche ausrollen, auf das Backblech legen, einen Rand hochziehen. Den Teig mehrmals mit einer Gabel einstechen.

4 Butter erwärmen, Zucker darin auflösen, vom Herd nehmen, Mandeln einrühren und auskühlen lassen. Milch zugeben, auf dem Teig verteilen. Im vorgeheizten Backofen bei 200 °C (Gas Stufe 3, Umluft 180 °C) etwa 20 Minuten backen.

TIPP

Sie können den Kuchen auch mit einem anderen Belag verfeinern: Dazu 150 Gramm weiche Butter mit 125 Gramm Zucker und 1 Teelöffel Zimt verrühren.

Schoko-Orangen-Kuchen

Rührteig
(→ Seite 10)

(→ Seite 10)

Für den Teig: 100 g weiche Butter
125 g Zucker • 4 Eier • 1 Prise Salz
100 g zerkleinerte Zartbitter-Schokolade
½ TL Zimt • 50 g Mehl • 2 Päckchen
Schokoladen-Puddingpulver
1 TL Backpulver • 3 EL Milch
100 g gemahlene Haselnusskerne
150 g Orangenkonfitüre • 2 EL Orangenlikör
Für den Guss: Schale von 3 unbehandelten Orangen • 250 g Puderzucker
3 bis 4 EL Orangensaft

1 Die Butter schaumig rühren. Zucker, Eier, Salz, Schokolade und Zimt zugeben und unterrühren.

2 Das Mehl mit dem Puddingpulver und dem Backpulver vermischen, sieben und mit der Milch unter die Buttermischung rühren. Die Nüsse unterheben.

3 Ein Backblech einfetten, den Teig daraufgeben und glatt streichen. Im vorgeheizten Backofen bei 200 °C (Gas Stufe 3, Umluft 180 °C) etwa 25 Minuten backen. Herausnehmen.

4 Orangenkonfitüre und Orangenlikör verrühren, den noch warmen Kuchen damit bestreichen. Von der Orangenschale dünne Zesten abziehen.

5 Puderzucker sieben, mit dem Orangensaft verrühren. Den Kuchen mit der Glasur überziehen. Die Orangenzesten auf den Kuchen streuen.

TIPP

Benötigen Sie nur wenig Saft einer Zitrusfrucht, dann stechen Sie sie mit einer Stricknadel nur an und pressen die benötigte Menge Saft heraus. Die Frucht trocknet nicht so schnell aus und kann weiter aufbewahrt werden.

Roter Orangenkuchen

Rührteig
(→ Seite 10)

(→ Seite 10)

Für den Teig: 300 g weiche Butter
300 g Zucker • 4 Eier • 4 EL Milch
300 g Mehl • 2 TL Backpulver
50 g gemahlene Haselnusskerne
1 TL abgeriebene Orangenschale
Für den Belag: ⅛ l Orangensaft
12 Blutorangen • 250 g Orangenmarme-
lade • 3 EL Orangenlikör • 50 g Pistazien

1 Butter schaumig rühren. Zucker, Eier und Milch einrühren. Mehl und Backpulver mischen, mit Haselnüssen und Orangenschale zugeben.

2 Ein Backblech einfetten, den Teig daraufgeben und glatt streichen. Im vorgeheizten Backofen bei 180 °C (Gas Stufe 2, Umluft 160 °C) etwa 30 Minuten backen. Herausnehmen, etwas auskühlen lassen, mit dem Orangensaft begießen.

3 Die Blutorangen schälen, die weiße Haut entfernen. Filets zwischen den Trennhäuten herauslösen und auf dem Boden dicht an dicht anordnen. Die Marmelade durch ein Sieb streichen, Orangenlikör einrühren, den Orangenkuchen damit überziehen. Pistazien aufstreuen.

TIPP

Bewahren Sie Orangen am besten dunkel auf, sie mögen Temperaturen um die 10 °C. Die Haltbarkeit beträgt etwa zwei Wochen, allerdings geht der Vitamingehalt bei der Lagerung zurück.

Kaffeelikörkuchen

Biskuitteig
(→ Seite 11)

Für den Teig: 250 g weiche Butter
4 Eier • 200 g Zucker • 1 Päckchen Vanillezucker • 1 Prise Salz • 250 g Mehl
2 TL Backpulver • 100 g zerkleinerte
Zartbitter-Schokolade • 4 EL Kaffeelikör
Für den Guss: 250 g Puderzucker
3 EL Kakao • 2 TL Espressopulver (Instant)
2 Eier • 1 EL Kaffeelikör • 200 g Kokosfett

1 Die Butter schaumig rühren. Die
Eier trennen. Eigelb, Zucker,
Vanillezucker und Salz zur Butter
geben und unterrühren. Mehl und
Backpulver vermischen, sieben und
unter die Buttermasse rühren.

2 Das Eiweiß steif schlagen und mit
der Schokolade unter den Teig
heben.

3 Ein Backblech einfetten, den Teig
daraufgeben und glatt streichen.
Im vorgeheizten Backofen bei 200 °C
(Gas Stufe 3, Umluft 180 °C) etwa
25 Minuten backen. Herausnehmen,
mit Kaffeelikör beträufeln.

4 Für den Guss Puderzucker sieben, mit dem Kakao, Espressopulver, Eiern und Kaffeelikör vermischen. Das zerlassene, ausgekühlte
Kokosfett einrühren, sodass eine dick-
flüssige Masse entsteht. Den ausgekühlten Kuchen damit überziehen.

TIPP

Das Eiweiß sollte
man immer erst
kurz vor der Weiter-
verarbeitung zu
Schnee schlagen.
Bei längerem
Stehen bei Zimmer-
temperatur wird der
Eischnee sonst
wieder flüssig. Wenn
Sie beim Schlagen
eine Prise Salz
hinzufügen, wird
das Eiweiß
geschmeidiger.

Nusskuchen mit weißer Schokolade

→ Foto

Hefeteig
(→ Seite 10 f.)

Für den Teig: 450 g Mehl • 30 g Hefe
100 g Zucker • ¼ l Milch • 1 Ei
1 Prise Salz • 100 g weiche Butter
½ TL abgeriebene Zitronenschale
50 g geriebene Mandeln
Für den Belag: 300 g Butter
250 g Zucker • 300 g gehackte Haselnüsse • 2 Eier • 4 EL Milch
Außerdem: 250 g weiße Kuvertüre
kandierte Rosenblütenblätter
zum Dekorieren (→ Seite 13)

(→ Seite 10 f.)

1 Das Mehl in eine Schüssel sieben, in die Mitte eine Vertiefung
drücken. Die Hefe mit 1 Teelöffel
Zucker in etwas lauwarmer Milch verrühren und in die Vertiefung gießen.

2 Etwas Mehl vom Rand einrühren
und einen breiartigen Vorteig
bereiten. Zugedeckt an einem warmen
Ort 20 Minuten gehen lassen.

3 Auf dem Mehlrand den restlichen
Zucker, das Ei, Salz, die Butter in
Flöckchen, Zitronenschale und die
Mandeln anordnen.

4 Von der Mitte her alles zu einem
glatten Teig verkneten, dabei die
restliche Milch zufügen. An einem warmen Ort nochmals 30 Minuten gehen
lassen.

5 Ein Backblech einfetten. Den Teig
auf bemehlter Fläche ausrollen,
auf das Backblech geben, einen Rand
hochziehen. Den Teig mit einer Gabel

mehrmals einstechen, damit sich
keine Blasen bilden.

6 Für den Belag die Butter erhitzen,
dann Zucker und Nüsse zuge-
ben. Einige Male aufwallen lassen,
Topf vom Herd nehmen.

7 Die Masse etwas auskühlen lassen, dann die Eier und die Milch
einrühren und alles auf dem Teig verteilen und glatt streichen.

8 Im vorgeheizten Backofen bei
180 °C (Gas Stufe 2, Umluft
160 °C) etwa 35 Minuten backen.

9 Herausnehmen und auskühlen
lassen. Die Kuvertüre im heißen
Wasserbad schmelzen und auf den
Kuchen streichen, mit Blütenblättern
dekorieren.

VARIANTE

Der Nusskuchen schmeckt auch sehr
gut, wenn er mit Quark-Öl-Teig zube-
reitet wird. Dazu benötigen Sie 175
Gramm Quark, 1 Ei, 5 Esslöffel Milch,
8 Esslöffel Öl, 4 Esslöffel Zucker, 1
Päckchen Vanillezucker, 1 Prise Salz,
350 Gramm Mehl und 3 Teelöffel
Backpulver. Den Quark durch ein Sieb
streichen, Ei, Milch, Öl, Zucker, Vanillezucker und Salz unterrühren. Mehl
und Backpulver mischen und über die
Quarkmasse sieben. Den Teig gut verkneten und ausrollen. Auf das Backblech legen und einen Rand hochziehen. Dann weiter mit Schritt 6.

TIPP

Statt mit weißer
Kuvertüre können
Sie den Kuchen
auch mit dunklem
Schokoladenguss
überziehen oder
einen Guss aus
Puderzucker berei-
ten. Dazu 250
Gramm Puderzu-
cker sieben und mit
3 Esslöffel Zitronen-
saft und 20 Gramm
zerlassener Butter
verrühren.

TIPP

Sehr schön sieht der
Kuchen auch aus,
wenn Sie auf die
Schokolade gemah-
lene Pinienkerne
aufstreuen.

Nusskuchen

Mürbteig
(→ Seite 10)

Für den Teig: 400 g Mehl • 1 TL Backpulver • 100 g Zucker • 1 Prise Salz
1 EL Weißwein • 180 g kalte Butter
Für den Belag: 200 g Macadamianüsse
200 g Pecannüsse • 50 g Butter • 1 Ei
2 Eigelb • 100 g Zucker • 2 Päckchen
Vanillezucker • 200 g flüssiger Honig

1 Mehl und Backpulver vermischen, in eine Schüssel sieben, in die Mitte eine Vertiefung drücken. Zucker, Salz und Wein in die Vertiefung geben.

2 Die Butter in Stücke schneiden und daraufgeben. Etwas Mehl vom Rand darüberstreuen. Die Zutaten von der Mitte her zu einem glatten Teig verkneten. Eine Kugel formen, 30 Minuten kalt stellen.

3 Für den Belag die Nüsse hacken, die Butter zerlassen. Ei und Eigelb zusammen schaumig rühren, Zucker und Vanillezucker unterrühren. Butter und Honig einrühren, die Nüsse unterheben.

4 Ein Backblech einfetten. Den Teig auf bemehlter Fläche ausrollen, auf das Backblech legen, einen Rand hochziehen. Den Teig mit einer Gabel mehrmals einstechen, damit sich keine Blasen bilden.

5 Die Nussmasse auf dem Teigboden verteilen und mit einem Spatel glatt streichen.

6 Im vorgeheizten Backofen bei 180 °C (Gas Stufe 2, Umluft 160 °C) etwa 35 Minuten backen. Herausnehmen, auskühlen lassen.

TIPP

Wenn Sie auf den Alkohol lieber verzichten möchten oder gerade keinen Weißwein zur Hand haben, dann ersetzen Sie ihn einfach durch die gleiche Menge weißen Traubensaft.

Gewürzkuchen

Rührteig
(→ Seite 10)

Für den Teig: 100 g weiche Butter
200 g Zucker • 2 Eier • 1 Prise Salz
250 g flüssiger Honig • 500 g Mehl
20 g Pfefferkuchengewürz
10 g Pottasche • 3 EL Rum
Für die Füllung: 750 g Trockenobst
(Birnen, Äpfel, Aprikosen, Feigen,
Pflaumen) • ¼ l Wasser • 125 g Zucker
1 TL abgeriebene Zitronenschale
3 EL Zitronensaft • 150 g gemahlene
Mandeln • 100 g gehackte Mandeln
2 EL Rum • 10 g frischer
geschälter und zerkleinerter Ingwer
Für den Guss: 3 EL Rum
250 g Puderzucker
2 bis 3 EL Orangensaft
Außerdem: kandierte Früchte

TIPP

Frischer Ingwer hält
sich in einer Plastik-
tüte im Gemüsefach
des Kühlschranks
2 bis 3 Wochen.
Auch geschälte
Ingwerstücke kann
man – gut ver-
packt – einige Tage
aufbewahren.

TIPP

Anstelle der
kandierten Früchte
können Sie zum
Dekorieren auch
Schokoladenblätt-
chen (→ Seite 13)
verwenden.

1 Die Butter schaumig schlagen. Zucker, Eier, Salz und Honig zugeben, alles gut verrühren. Das Mehl mit dem Pfefferkuchengewürz vermischen und darübersieben.

2 Die Pottasche im Rum auflösen und ebenfalls zum Teig geben. Einen glatten Teig bereiten und zugedeckt 1 bis 2 Tage in den Kühlschrank stellen.

3 Ein Backblech einfetten. Den Teig teilen. Eine Hälfte auf bemehlter Fläche ausrollen, auf das Backblech legen, einen Rand hochziehen.

4 Das Trockenobst zerkleinern, wenn nötig entsteinen und mit dem Wasser in einen Topf geben. Zucker, Zitronenschale, Zitronensaft und die Mandeln zugeben.

5 Alles 3 Minuten köcheln lassen. Vom Herd nehmen, den Rum und den Ingwer einrühren. Auskühlen lassen. Die Masse auf den Teig streichen.

6 Den restlichen Teig auf bemehlter Fläche ausrollen und auflegen, die Ränder andrücken.

7 Im vorgeheizten Backofen bei 200 °C (Gas Stufe 3, Umluft 180 °C) etwa 35 Minuten backen. Herausnehmen, mit Rum beträufeln.

8 Puderzucker und Orangensaft verrühren, den Kuchen damit glasieren. Mit kandierten Früchten verzieren.

VARIANTE

Anstelle von Rum kann man dem Kuchen auch Ingwerlikör zufügen und den Kuchen mit verzuckerten Ingwerstäbchen (Fertigware) verzieren. Ingwerlikör lässt sich ganz einfach selbst herstellen: Man schält 100 Gramm frischen Ingwer dünn mit einem Sparschäler und schneidet ihn in kleine Stückchen. Danach gibt man die Stückchen in eine Flasche, füllt 1 Liter Weinbrand auf. Die gut verschlossene Flasche bleibt eine Woche stehen, wird täglich dreimal kräftig geschüttelt. Nach einer Woche gibt man alles durch ein Sieb. Die aufgefangenen Ingwerstückchen werden mit 250 Gramm flüssigem Honig vermischt und wieder mit dem Weinbrand in eine gut verschließbare Flasche gegeben. Die Flasche kühl stellen.

Schoko-Nuss-Kuchen

→ Foto

Rührteig
(→ Seite 10)

Für den Teig: 2 Eier • 100 ml Öl
200 ml Schlagsahne • 125 g Zucker
1 TL Zimt • 1 Prise Salz • 1 Päckchen
Vanillezucker • 400 g Mehl
2 TL Backpulver • 125 g Zartbitter-
Schokolade • 50 g gehackte Mandeln
je 1 EL Zitronat und Orangeat
Für die Streusel: 250 g Mehl
50 g gemahlene Mandeln • 200 g Zucker
1 Prise Zimt • 200 g kalte Butter
Außerdem: 100 g Haselnuss-Fettglasur

1 Eier, Öl, Milch, Sahne, Zucker,
Zimt, Salz und Vanillezucker in
einer Schüssel schaumig schlagen.

2 Mehl und Backpulver vermischen
und in die Masse sieben. Die
Schokolade fein hacken, mit Mandeln,
Zitronat und Orangeat unter den Teig
heben. Ein Backblech einfetten und
den Teig darauf verteilen.

3 Für die Streusel das Mehl in eine
Schüssel sieben und mit Man-
deln, Zucker und Zimt vermischen.
Butter in Flöckchen zugeben, Streusel
formen, auf dem Teig verteilen.

4 Im vorgeheizten Backofen bei
200 °C (Gas Stufe 3, Umluft
180 °C) etwa 20 Minuten backen. Die
Glasur im Wasserbad schmelzen und
auf den Kuchen klecksen.

TIPP

Bevor man die Kuvertüre schmilzt, sollte man den Block zerkleinern. Besonders glanzvoll wird die Glasur, wenn man sie abkühlen lässt und ein weiteres Mal zum Schmelzen bringt.

Dattelkuchen

Rührteig
(→ Seite 10)

Für den Teig: 150 g getrocknete Datteln
125 g Backpflaumen • 50 g Pistazien
1 Orange • 300 g Mehl • 2 TL Backpulver
1 EL Speisestärke • 1 TL Natron
1 Prise Salz • 50 g Zucker
100 g weiche Butter • 2 Eier
⅛ l Schlagsahne • 2 EL Semmelbrösel
2 EL gehackte Mandeln
Für die Glasur: 250 g Puderzucker
3 bis 4 EL Orangensaft
Außerdem: 50 g gehackte Pistazien

1 Die Datteln entkernen. Datteln
und Backpflaumen fein schneiden. Pistazien grob hacken. Von der
Orange die Schale abreiben.

2 Mehl, Backpulver, Speisestärke,
Natron, Salz und Zucker vermischen. Die Butter zufügen, alles vermengen. Eier und Sahne verrühren,
mit den Datteln, Pflaumen, Pistazien
und der Orangenschale zur Mehlmischung geben und unterrühren.

3 Ein Backblech einfetten. Semmelbrösel und Mandeln auf das
Backblech streuen. Den Teig auf
bemehlter Fläche ausrollen und auflegen. Im vorgeheizten Backofen bei
180 °C (Gas Stufe 2, Umluft 160 °C)
etwa 25 Minuten backen.

4 Puderzucker sieben, mit Orangensaft verrühren, den Kuchen
damit glasieren. Pistazien aufstreuen.

TIPP

Semmelbrösel benötigen Sie immer wieder zum Ausstreuen von Blechen und Formen. Wenn Sie Weißbrotreste übrig haben, sollten Sie diese trocknen lassen und mahlen.

Schokoladenkuchen

Rührteig
(→ Seite 10)

Für den Teig: 250 g weiche Butter
200 g Zucker • 4 Eier • 2 Tropfen Bittermandelöl • 250 g Mehl • 3 TL Backpulver
250 g gemahlene Mandeln
Für den Guss: 350 g Puderzucker
5 EL Kakao • 2 Eier • 100 g Kokosfett
Außerdem: 100 g Puderzucker
2 TL Eiweiß

1 Die Butter schaumig rühren.
Nach und nach Zucker, Eier und
das Bittermandelöl einrühren. Mehl
und Backpulver vermischen, sieben
und nach und nach mit den Mandeln
unterrühren.

2 Ein Backblech einfetten. Den Teig
daraufgeben und glatt streichen.

3 Im vorgeheizten Backofen bei
180 °C (Gas Stufe 2, Umluft
160 °C) etwa 25 Minuten backen.
Herausnehmen und auskühlen lassen.

4 Für die Glasur Puderzucker mit
Kakao und Eiern verrühren, das
Kokosfett zerlassen, ausgekühlt nach
und nach unterrühren. Den Kuchen
damit überziehen und kalt werden lassen.

5 Für die Dekoration Puderzucker,
Eiweiß und 1 Teelöffel Wasser
glatt rühren und die Glasur mit einer
Spritztüte in geschwungenen Fäden
über den Guss ziehen.

VARIANTE

Der Schokoladenkuchen schmeckt
auch mit Hefeteig sehr gut. Dazu
brauchen Sie 450 Gramm Mehl,
25 Gramm Hefe, 100 Gramm Zucker,
200 Milliliter lauwarme Milch,
100 Gramm Butter, 30 Gramm Butterschmalz, 1 Ei, 1 Teelöffel abgeriebene
Zitronenschale, 1 Prise Salz und
2 Esslöffel gemahlene Mandeln.
Und so geht es: Das Mehl in eine
Schüssel sieben, in die Mitte eine Vertiefung drücken. Die Hefe mit 1 Teelöffel Zucker in etwas lauwarmer
Milch verrühren und in die
Vertiefung gießen.
Etwas Mehl einrüh-
ren und einen brei-
artigen Vorteig be-
reiten. 20 Minuten
gehen lassen, dann
die restlichen Zutaten
auf dem Rand verteilen
und von der Mitte her
alles zu einem glatten
Teig verkneten. Nach
30 Minuten Gehzeit
weiter mit Schritt 2.

TIPP

Wenn Sie mögen,
können Sie dem
Kuchen mit verzu-
ckerten Veilchen,
Gänseblümchen,
Nelken oder Rosen-
blüten (→ Seite 13)
eine festliche Note
geben.

TIPP

Falls Sie keine
Spritztüte besitzen,
können Sie für sehr
feine Dekorationen
eine kleine Tüte ver-
wenden, in die Sie
ein kleines Loch
schneiden.

Kuchen mit Preiselbeerfüllung

Hefeteig
(→ Seite 10 f.)

Für den Teig: 500 g Mehl
1 Würfel Hefe (42 g) • 100 g Zucker
200 ml Milch • 2 Eier • 1 Prise Salz
100 g weiche Butter • 1 TL abgeriebene
Zitronenschale
Für die Streusel: 250 g Mehl
50 g gemahlene Mandeln • 200 g Zucker
1 Prise Zimt • 200 g kaltes Butterschmalz
Für die Füllung: ¼ l Johannisbeersaft
100 g Zucker • 1 TL Zimt
750 g Preiselbeeren • 2 EL Speisestärke
je 4 EL Orangensaft und Orangenlikör
2 Blatt weiße Gelatine • 2 EL Weinbrand
½ l Schlagsahne
2 Päckchen Vanillezucker

1 Das Mehl in eine Schüssel sieben, in die Mitte eine Vertiefung drücken. Die Hefe mit 1 Teelöffel Zucker in etwas Milch verrühren, in die Vertiefung geben.

2 Etwas Mehl vom Rand darüberstäuben und einen breiartigen Teig bereiten. Zugedeckt an einem warmen Ort 20 Minuten gehen lassen.

3 Auf dem Mehlrand den restlichen Zucker, Eier, Salz, die Butter in Flöckchen und die Zitronenschale anordnen, die restliche Milch zugeben und alles zu einem glatten Teig verkneten. Nochmals 30 Minuten gehen lassen.

4 Ein Backblech einfetten, den Teig auf bemehlter Fläche ausrollen und auf das Backblech legen.

Den Teig mehrmals mit einer Gabel einstechen.

5 Für die Streusel das Mehl in eine Schüssel sieben, mit Mandeln, Zucker und Zimt vermischen, das Butterschmalz in Stücken dazugeben und Streusel formen. Die Streusel auf dem Teig verteilen.

6 Im vorgeheizten Backofen bei 200 °C (Gas Stufe 3, Umluft 180 °C) etwa 20 Minuten backen. Herausnehmen, auskühlen lassen und einmal waagerecht durchschneiden.

7 Den Johannisbeersaft mit Zucker und Zimt zum Kochen bringen, die Preiselbeeren zufügen, mehrmals aufwallen lassen, dann durch ein Sieb geben, den Sud auffangen und in den Topf zurückgeben.

8 Die Speisestärke im Sud glatt rühren, Orangensaft und Likör zugeben, kurz aufkochen, die Preiselbeeren zufügen und auskühlen lassen.

9 Die Gelatine in etwas kaltem Wasser einweichen, ausdrücken und in leicht erwärmtem Weinbrand auflösen. Die Schlagsahne mit Vanillezucker steif schlagen, 2 Esslöffel Sahne in die Gelatine rühren, dann die restliche Sahne untermischen.

10 Den unteren Teigboden mit der Preiselbeermischung bestreichen, die Sahne daraufgeben, alles glatt streichen und den oberen Teigboden auflegen.

TIPP

Der Hefeteig geht schneller auf, wenn er in einer großen Plastikschüssel mit Deckel bei 50 °C in den Backofen gestellt wird. Sobald sich der Deckel öffnet, den Teig durchkneten, den Deckel schließen und ihn wieder in den Ofen stellen.

TIPP

Anstelle der Preiselbeeren können Sie auch Sauerkirschkonfitüre, Johannisbeergelee, Brombeerkonfitüre oder Preiselbeergelee verwenden.

Rhabarberkuchen mit Mandeln

Quark-Öl-Teig
(→ Seite 11)

Für den Teig: 200 g Quark • ⅛ l Milch
⅛ l Öl • 125 g Zucker • 1 Ei • 1 Prise Salz
1 TL abgeriebene Zitronenschale
400 g Mehl • 1 Päckchen Backpulver
Für den Belag: 1 kg Rhabarber
1 EL Weißwein • ¼ l Milch
1 Päckchen Vanille-Puddingpulver
200 g Zucker • 200 g saure Sahne
2 Eigelb • 100 g zerlassene Butter
2 EL Zwiebackbrösel • 2 EL gemahlene
Mandeln
Für die Streusel: 250 g Mehl
je 50 g gehackte und gemahlene Mandeln
250 g Zucker • 250 g kalte Butter
Außerdem: Puderzucker zum Bestäuben

1 Den Quark durch ein Sieb in eine Schüssel streichen, mit Milch, Öl, Zucker, Ei, Salz und Zitronenschale vermischen. Mehl und Backpulver mischen, sieben, unter die Quarkmasse mengen und einen geschmeidigen Teig kneten.

2 Ein Backblech einfetten. Den Teig auf bemehlter Fläche ausrollen, auf das Backblech legen und einen Rand hochziehen.

3 Den Rhabarber putzen, waschen, in Stücke schneiden und mit Weißwein bei schwacher Hitze etwa 2 Minuten dünsten, dann vom Herd nehmen.

4 Milch und Puddingpulver verrühren, Zucker, Sahne, Eigelb und Butter unterrühren.

5 Zwiebackbrösel und Mandeln vermischen und über den Teig streuen. Den Rhabarber darauflegen und mit der Milchmischung überziehen.

6 Für die Streusel das Mehl in eine Schüssel sieben und mit Mandeln und Zucker mischen, die Butter in Stückchen zugeben und Streusel formen. Streusel auf dem Rhabarber verteilen.

7 Im vorgeheizten Backofen bei 200 °C (Gas Stufe 3, Umluft 180 °C) etwa 30 Minuten backen. Herausnehmen, auskühlen lassen und mit Puderzucker bestäuben.

TIPP

Rhabarber eignet sich nicht zum Rohverzehr. Will man die Eigensäure von Rhabarber mildern, kann man etwas Zitronensaft zugeben.

TIPP

Rhabarber sollte rasch verbraucht werden. Frisch geerntet hält er sich in ein feuchtes Tuch gewickelt im Gemüsefach des Kühlschranks zwei Tage.

Christstollen nach Dresdner Art

→ Foto

Hefeteig
(→ Seite 10f.)

Für den Teig: 1 kg Mehl
1 Würfel Hefe (42 g) • 150 g Zucker
¼ l Milch • 2 Eigelb • ½ TL Salz
250 g weiche Butter • 150 g Butterschmalz
1 TL abgeriebene Zitronenschale
200 g gehackte Mandeln
je 100 g fein geschnittenes Zitronat und
Orangeat • 500 g Rosinen
Außerdem:
150 g zerlassene Butter zum Bestreichen
150 g Puderzucker zum Bestäuben

1 Das Mehl in eine Schüssel sieben, in die Mitte eine Vertiefung drücken.

2 Die Hefe zerbröckeln, mit 1 Teelöffel Zucker in etwas lauwarmer Milch verrühren, in die Vertiefung gießen.

3 Etwas Mehl vom Rand einrühren und einen breiartigen Vorteig bereiten. Zugedeckt an einen warmen Platz stellen und 20 Minuten gehen lassen. Den Teig während der Gehzeit gut vor Zugluft schützen.

4 Auf dem Mehlrand den restlichen Zucker, das Eigelb, das Salz, die Butter und das Butterschmalz in Flöckchen und die Zitronenschale anordnen.

5 Von der Mitte her die Zutaten zu einem geschmeidigen Teig verkneten, dabei die restliche lauwarme Milch zugeben.

6 Mandeln, Zitronat, Orangeat und die Rosinen untermischen. Nochmals zugedeckt eine Stunde an einen warmen Ort stellen und gehen lassen.

7 Ein Backblech einfetten. Den Teig auf bemehlter Fläche zu einer runden Platte ausrollen, von beiden Seiten so einschlagen, dass eine Stollenform entsteht. Den Stollen auf das Backblech geben.

8 Im vorgeheizten Backofen bei 200 °C (Gas Stufe 3, Umluft 180 °C) etwa 60 Minuten backen. Eine Garprobe machen.

9 Herausnehmen, sofort mit der Hälfte der zerlassenen Butter bestreichen. Die Hälfte des Puderzuckers darübersieben. Diesen Vorgang nach 5 Minuten noch einmal wiederholen.

TIPP

Mandeln bekommt man als Kern und gemahlen, mit oder ohne Haut, außerdem gehackt und gestiftet ohne Haut. Die braune Haut um den Kern lässt sich leicht abziehen, wenn man die Kerne kurz in kochendes Wasser gibt und sie danach kalt abschreckt.

TIPP

Wie Sie Orangeat und Zitronat ganz einfach selbst herstellen, erfahren Sie auf Seite 20.

Quarkstollen

Quark-Öl-Teig
(→ Seite 11)

Für den Teig: 200 g Rosinen • 3 EL Rum
300 g abgetropfter Quark • ¼ l Milch
200 ml Öl • 150 g Zucker • 1 TL abgeriebene Zitronenschale • 1 Prise Salz
600 g Mehl • 2 Päckchen Backpulver
50 g gemahlene Mandeln • 100 g gehackte
Mandeln • je 1 EL Zitronat und Orangeat
Außerdem:
150 g Butter • 200 g Puderzucker

1 Die Rosinen waschen, abtropfen
lassen, mit Rum begießen und
über Nacht durchziehen lassen.

2 Am nächsten Tag den Quark
durch ein Sieb streichen. Milch,
Öl, Zucker, Zitronenschale und Salz
unterrühren. Mehl und Backpulver vermischen, sieben und mit den Mandeln, den Rosinen, dem Zitronat und
Orangeat einarbeiten.

3 Ein Backblech einfetten. Den Teig
in Stollenform bringen, auf das
Backblech geben.

4 Im vorgeheizten Backofen bei
200 °C (Gas Stufe 3, Umluft
180 °C) etwa 50 Minuten backen.

5 Herausnehmen, mit der Hälfte
der Butter bestreichen und mit
der Hälfte vom Puderzucker bestreuen. Diesen Vorgang noch einmal
wiederholen.

TIPP

Der Quark sollte vor
der Verarbeitung
gut abgetropft sein
und mit einem
Küchenhandtuch
ausgepresst werden.

Mohnstollen mit Birnen

Rührteig
(→ Seite 10)

Für den Teig: 250 g abgetropfter Quark
⅛ l Milch • 2 Eier • 1 Prise Salz
2 Päckchen Vanillezucker
500 g Mehl • 1 Päckchen Backpulver
50 g gemahlene Mandeln
Für die Füllung: 300 g getrocknete
Birnen • 4 EL Rum
300 g gemahlener Mohn
Außerdem: 150 g zerlassene Butter zum
Bestreichen • 200 g Puderzucker
zum Bestäuben

1 Den Quark durch ein Sieb in eine
Schüssel streichen und mit der
Milch, den Eiern, Salz und Vanille-
zucker verrühren.

2 Mehl und Backpulver vermischen, sieben und nach und
nach mit den Mandeln einarbeiten.
30 Minuten ruhen lassen.

3 Die Birnen 15 Minuten in lauwarmem Wasser einweichen und
ausdrücken, dann klein schneiden und
mit Rum beträufeln. Mit dem Mohn
vermischen.

4 Den Teig auf bemehlter Fläche zu
einem Rechteck ausrollen. Die
Mohnmischung auf die Teigplatte
geben und glatt streichen. Dann den
Teig aufrollen und die Ränder fest-
drücken. In Stollenform bringen.

5 Im vorgeheizten Backofen bei
200 °C (Gas Stufe 3, Umluft
180 °C) etwa 50 Minuten backen.

6 Herausnehmen, sofort mit der
zerlassenen Butter bestreichen
und mit der Hälfte des Puderzuckers
bestäuben. Diesen Vorgang gleich
im Anschluss noch einmal wiederholen.

VARIANTE

Der Mohnstollen schmeckt auch mit
Hefeteig. Dazu brauchen Sie
500 Gramm Mehl, 40 Gramm Hefe,
100 Gramm Zucker, ¼ Liter lauwarme
Milch, 150 Gramm weiche Butter,
100 Gramm gehackte Mandeln,
½ Teelöffel abgeriebene Zitronenschale und 1 Prise Salz. Und so bereiten Sie den Teig zu: Das Mehl in eine
Schüssel sieben, in die Mitte eine Vertiefung drücken. Die Hefe mit 1 Teelöffel Zucker in etwas lauwarmer Milch
verrühren, in die Vertiefung geben.
Etwas Mehl vom Rand darüberstäuben und einen breiartigen Vorteig
bereiten. Anschließend zugedeckt an
einen warmen Ort stellen und mindestens 20 Minuten gehen lassen, dann
die restlichen Zutaten unterkneten.
Nochmals zugedeckt an einem warmen Platz 30 Minuten gehen lassen,
dann weiter mit Schritt 3.

Gewürzbrot

Hefeteig
(→ Seite 10 f.)

Für den Teig: 1 kg Roggenmehl
125 g Weizenmehl • 60 g Hefe
50 g Zucker • ½ l Milch • 1 Prise Salz
1 TL Kümmel • 1 TL gemahlener Koriander
1 TL gemahlener Fenchel
Für die Füllung: 800 g Rosinen
150 g fein geschnittenes Orangeat
50 g fein geschnittenes Zitronat
150 g ganze Haselnusskerne
2 TL Lebkuchengewürz • ⅛ l brauner Rum
⅛ l Obstgeist • 100 g Honig
je 100 g getrocknete Birnen, Aprikosen
Feigen und Pflaumen

1 Das Roggenmehl in eine Schüssel sieben, in die Mitte eine Vertiefung drücken.

2 100 Gramm Weizenmehl mit der Hefe und dem Zucker in etwas lauwarmer Milch verrühren, in die Vertiefung geben, das restliche Weizenmehl aufstreuen.

3 Zugedeckt an einen warmen Platz stellen und 20 Minuten gehen lassen, bis das auf die Hefe gestreute Mehl stark rissig ist.

4 Auf dem Roggenmehlrand Salz und die Gewürze anordnen. Alles zu einem glatten Teig verkneten, dabei die restliche Milch zugeben.

5 Nochmals zugedeckt an einen warmen Ort stellen und 1 Stunde gehen lassen.

6 Rosinen waschen, abtropfen lassen, in eine Schüssel füllen. Orangeat und Zitronat klein schneiden und mit den Haselnüssen, dem Lebkuchengewürz, dem Rum, Obstgeist und Honig zu den Rosinen geben.

7 Das Trockenobst klein schneiden und untermischen. Alles zum Teig geben und unterkneten.

8 Ein Backblech einfetten. Den Teig in zwei Stücke teilen, die Teigstücke jeweils in Brotform bringen.

9 Die Brote auf das eingefettete Backblech legen. Mit Weizenmehl bestäuben.

10 Im vorgeheizten Backofen bei 200 °C (Gas Stufe 3, Umluft 180°C) etwa 50 Minuten backen.

TIPP

Wenn Sie Koriander- und Fenchelkörner selbst im Mörser mahlen, rösten Sie sie vorher in einer Pfanne ohne Fett leicht an. So entfalten sie ihr volles Aroma und lassen sich leichter zerstossen.

TIPP

Damit Hefeteig schön geschmeidig wird, sollte er immer eine reichliche Portion Fett enthalten, da es ein wichtiger Geschmacksträger ist. Die Butter jedoch erst unterkneten, wenn der Teig ein erstes Mal gegangen ist.

Fruchtrolle

→ Foto

Hefeteig
(→ Seite 10 f.)

Für den Teig: 500 g Mehl • 30 g Hefe
125 g Zucker • ¼ l Milch • 1 Prise Salz
100 g weiche Butter • 1 Ei
1 TL abgeriebene Zitronenschale
4 EL getrocknete Holunderblüten
80 g zerlassene Butter • 1 EL Grieß
Für die Füllung: 2 Eier • 100 g Zucker
2 EL Holunderblütensirup
1 EL Speisestärke • 1 EL Zucker
50 g gehackte Mandeln • 1 kg entsteinte
Sauerkirschen
Außerdem: 150 g Aprikosenkonfitüre
2 EL Holunderblütensirup
80 g Puderzucker zum Bestäuben

TIPP

Wie Sie Holunder-
blütensirup ganz
einfach selbst
herstellen, erfahren
Sie auf den
Seiten 12 und 13.

1 Das Mehl in eine Schüssel sieben, in die Mitte eine Vertiefung
drücken.

2 Die Hefe zerbröckeln und mit
1 Teelöffel Zucker in etwas lauwarmer Milch verrühren, in die Vertiefung gießen.

3 Etwas Mehl vom Rand darüberstäuben und einen breiartigen
Vorteig bereiten. Zugedeckt an einen
warmen Ort stellen und mindestens
20 Minuten gehen lassen.

TIPP

Ist der Hefeteig
etwas zu weich
geraten, dann arbei-
ten Sie noch etwas
Mehl ein. Wenn er
zu fest ist, geben Sie
Milch dazu.

4 Auf dem Rand Salz, Butter in
Flöckchen, den restlichen Zucker,
das Ei, Zitronenschale und die Holunderblüten anordnen, dabei die restliche Milch zugeben.

5 Von der Mitte her alles zu einem
glatten Teig verkneten. Nochmals
30 Minuten an einem warmen Ort
gehen lassen.

6 Ein Backblech einfetten. Den Teig
auf bemehlter Fläche ausrollen,
mit der Butter bestreichen und mit
Grieß bestreuen.

7 Für die Füllung die Eier, den
Zucker, den Holunderblütensirup,
die Speisestärke und den Zucker vermengen und die Mandeln unterrühren.

8 Die Sauerkirschen auf den Teig
geben und mit der Eimasse
begießen. Den Teig aufrollen und auf
das Backblech legen.

9 Im vorgeheizten Backofen bei
200 °C (Gas Stufe 3, Umluft
180 °C) etwa 50 Minuten backen.

10 Die Fruchtrolle herausnehmen
und vollständig auskühlen
lassen.

11 Die Aprikosenkonfitüre durch ein
Sieb streichen und in einem Topf
bei niedriger Temperatur leicht erwärmen.

12 Die noch warme Konfitüre mit
dem Holunderblütensirup vermischen und auf die Rolle streichen. Mit
Puderzucker bestäuben.

Mohnrolle

Mürbteig
(→ Seite 10)

Für den Teig: 150 g Rosinen • 500 g Mehl
1 Päckchen Backpulver • 125 g Zucker
2 Eier • 1 TL abgeriebene Zitronenschale
100 g kalte Butter • 250 g abgetropfter
Quark • 1 Prise Salz
je 50 g fein geschnittenes Zitronat und
Orangeat • 125 gehackte Mandeln
Für die Füllung: 400 g gemahlener Mohn
125 ml Milch • 100 ml Schlagsahne
2 Eier • 100 g Zucker • 100 g gehackte
Mandeln • 2 EL Rum
Für den Guss: 70 g Butter
250 g Puderzucker • 3 EL Zitronensaft
Außerdem: 50 g Zitronat, in Streifen

1 Rosinen waschen und trocken tupfen. Mehl und Backpulver vermischen und in eine Schüssel sieben. In die Mitte eine Vertiefung drücken. Zucker, Eier, Zitronenschale, Butter in Stückchen, Quark und Salz hineingeben und gut verkneten.

2 Rosinen, Zitronat, Orangeat und Mandeln in den Teig einarbeiten. Den Teig 1 Stunde kalt stellen.

3 Für die Füllung den Mohn in eine Schüssel füllen. Milch und Sahne erhitzen, den Mohn damit überbrühen. Auskühlen lassen. Eier, Zucker, Mandeln und Rum unterrühren.

4 Den Teig auf bemehlter Fläche zu einem Rechteck ausrollen, mit der Mohnmasse bestreichen und aufrollen.

5 Ein Backblech einfetten, die Mohnrolle mit der Teignaht nach unten auflegen. Im vorgeheizten Backofen bei 200 °C (Gas Stufe 3, Umluft 180 °C) etwa 50 Minuten backen. Herausnehmen, mit 50 Gramm Butter bestreichen, auskühlen lassen.

6 Puderzucker sieben, mit Zitronensaft und der restlichen Butter verrühren. Die Rolle damit glasieren. Mit Zitronatstreifen verzieren.

TIPP

Wenn beim Teigkneten Risse auftreten, hilft es, etwas kaltes Wasser oder Eiweiß hinzuzufügen.

Apfeltaschen

Quark-Öl-Teig
(→ Seite 11)

(→ Seite 11)

Für den Teig: 150 g abgetropfter Quark
6 EL Schlagsahne • 1 Ei • 6 EL Öl
1 Prise Salz • 80 g Zucker • 300 g Mehl
1 Päckchen Backpulver
Für die Füllung: 6 Äpfel • ¼ l Weißwein
50 g Zucker • 50 g gemahlene Mandeln
100 g Rosinen • 1 Eigelb
1 EL Schlagsahne • 80 g Mandelblättchen
Außerdem: 200 g Puderzucker
2 EL Zitronensaft • 20 g weiche Butter

1 Den Quark durch ein Sieb strei-chen. Sahne, Ei, Öl, Salz und 2 Esslöffel Zucker zugeben, alles ver-rühren. Das Mehl mit Backpulver ver-mischen, auf die Masse sieben und untermischen.

2 Ein Backblech einfetten. Den Teig auf bemehlter Fläche ausrollen und in 8 handtellergroße Kreise schneiden. Die Äpfel schälen, vierteln, das Kernhaus entfernen und klein schneiden. Wein und Zucker erhitzen, die Apfelstücke blanchieren. Heraus-nehmen, abtropfen lassen.

3 Mandeln und Rosinen untermi-schen, eine Hälfte der Kreise be-legen und die andere Hälfte darüber-klappen, Ränder andrücken. Eigelb mit Sahne verrühren, die Apfeltaschen damit bestreichen. Mandelblättchen aufstreuen. Im vorgeheizten Backofen bei 200 °C (Gas Stufe 3, Umluft 180 °C) etwa 15 Minuten backen. Puderzucker mit Zitronensaft und But-ter mischen, die Taschen glasieren.

Marzipanröllchen

Mürbteig
(→ Seite 10)

Für den Teig: 250 g Mehl
75 g Zucker • 1 Päckchen Vanillezucker
1 Prise Salz • 1 Eigelb
150 g kalte Butter
Für die Füllung: Puderzucker
zum Ausrollen • 300 g Marzipan-
Rohmasse • 200 g Pflaumenmus
Außerdem: 1 Eiweiß zum Bestreichen
150 g Zartbitter-Kuvertüre

1 Das Mehl in eine Schüssel sieben, in die Mitte eine Vertiefung drücken. Zucker, Vanillezucker, Salz und Eigelb hineingeben, mit etwa Mehl vom Rand bestäuben und verkneten.

2 Die kalte Butter in Flöckchen darauf verteilen, alles zu einem glatten Teig verkneten. Den Teig zu einer Kugel formen und 1 Stunde kalt stellen.

3 Die Marzipan-Rohmasse auf einer mit Puderzucker bestäubten Fläche dünn ausrollen, in 5 mal 20 Zentimeter große Streifen schneiden und mit Eiweiß bestreichen. Das Pflaumenmus auf die Streifen spritzen, dann die Streifen längs aufrollen.

4 Den Teig auf bemehlter Fläche ausrollen, in 6 mal 20 Zentimeter große Streifen schneiden, die Streifen dünn mit Eiweiß bestreichen. Marzipanrollen auflegen, die Teigstreifen längs aufrollen, 30 Minuten kalt stellen.

5 Die Teigrollen in 5 Zentimeter lange Stücke schneiden, die Enden zusammendrücken. Im vorgeheizten Backofen bei 200 °C (Gas Stufe 3, Umluft 180 °C) etwa 15 Minuten backen. Auskühlen lassen. Die Kuvertüre im heißen Wasserbad schmelzen, die Röllchen an den Enden eintauchen.

TIPP

Wenn Sie Marzipan selbst herstellen und ungeschälte Mandeln verwenden, dann sollten Sie die Mandeln nach dem Abziehen auf einem Küchentuch am besten über Nacht trocknen. Mit noch feuchten Mandeln gelingt Marzipan nicht.

Sächsische Streuselschnecken

Hefeteig
(→ Seite 10 f.)

Für den Teig: 500 g Mehl • 30 g Hefe
100 g Zucker • ¼ l Milch
1 Päckchen Vanillezucker • 1 Prise Salz
1 Ei • 100 g weiche Butter
Für die Streusel: 250 g Mehl
200 g Butter • 200 g Zucker
1 Päckchen Vanillezucker
Außerdem:
200 g Puderzucker zum Bestäuben

TIPP

Vanillezucker
können Sie selbst
herstellen, indem
Sie eine Vanille-
schote ausschaben.
Das Mark und die
Schote geben Sie
mit Zucker in
ein Schraubglas.
Dann mindestens
1 bis 2 Wochen
ziehen lassen.

1 Das Mehl in eine Schüssel sieben, in die Mitte eine Vertiefung drücken.

2 Die Hefe zerbröckeln, mit 1 Teelöffel Zucker in etwas lauwarmer Milch verrühren, in die Vertiefung geben.

3 Etwas Mehl vom Rand einrühren, einen breiartigen Vorteig bereiten. Zugedeckt an einen warmen Ort stellen und mindestens 20 Minuten gehen lassen.

TIPP

Sie können die
Streuselschnecken
etwas verfeinern,
indem Sie dem Teig
50 Gramm gehackte
Mandeln und
50 Gramm Rosinen
zufügen.

4 Auf dem Mehlrand den restlichen Zucker, Vanillezucker, Salz, das Ei und die Butter in Flöckchen anordnen.

5 Die Zutaten von der Mitte her zu einem glatten Teig verkneten, dabei die restliche Milch zugeben. Nochmals zugedeckt 30 Minuten an einem warmen Ort gehen lassen.

6 Den Teig durchkneten, auf bemehlter Fläche knapp 1 Zentimeter dick ausrollen. Handtellergroße Taler ausstechen.

7 Ein Backblech einfetten, die Teigstücke auflegen. Mehl, Butter, Zucker und Vanillezucker zu Streuseln formen. Die Streusel auf die Teigstücke streuen.

8 Im vorgeheizten Backofen bei 200 °C (Gas Stufe 3, Umluft 180 °C) etwa 20 Minuten backen. Herausnehmen, abkühlen lassen und mit Puderzucker bestäuben.

VARIANTE

Streuselschnecken können Sie auch füllen. Für die Füllung braucht man: 1 Päckchen Vanille-Puddingpulver, 3 EL Zucker, ¼ l Milch, ¼ l Sahne, 80 g Butter, 1 Eigelb. Und so geht es: Verrühren Sie das Puddingpulver mit dem Zucker in etwas kalter Milch. Die restliche Milch mit der Sahne zum Kochen bringen, das angerührte Puddingpulver einrühren, aufkochen lassen, vom Herd nehmen, die Butter einrühren. Danach das Eigelb unterrühren. Die Streuselschnecken waagerecht durchschneiden, mit der Puddingmasse füllen.

Rosinen-Safran-Brezeln

Quark-Öl-Teig
(→ Seite 11)

Für den Teig: 200 g Rosinen • 3 EL Rum
200 g abgetropfter Quark • 6 EL Milch
1 Ei • ⅛ l Öl • 100 g Zucker • 1 Päckchen
Vanillezucker • 1 Prise Salz • 1 Prise
gemahlener Safran • 400 g Mehl • 2 TL
Backpulver • 1 Eigelb zum Bestreichen
Außerdem: 200 g Puderzucker
2 bis 3 EL Zitronensaft

1 Die Rosinen waschen, abtropfen
lassen, mit Rum begießen, durchziehen lassen.

2 Den Quark durch ein Sieb in
eine Schüssel streichen. Milch,
Ei, Öl, Zucker, Vanillezucker und das
Salz einrühren. Den Safran in 1 Tee-

löffel warmem Wasser verrühren
und dazugeben. Rosinen ebenfalls
zufügen.

3 Mehl und Backpulver vermischen, sieben und nach und
nach einarbeiten. Den Teig durchkneten, Rollen formen und diese zu
Brezeln legen.

4 Ein Backblech einfetten, die
Brezeln daraufgeben und mit
Eigelb bestreichen.

5 Im vorgeheizten Backofen bei
200 °C (Gas Stufe 3, Umluft
180 °C) etwa 20 Minuten backen.
Herausnehmen, auskühlen lassen.
Puderzucker mit Zitronensaft verrühren und die Brezeln damit bestreichen.

TIPP

Safran ist das teu-
erste Gewürz der
Welt. Deshalb sollte
man ihn luftdicht
und dunkel lagern
sowie vor Feuchtig-
keit schützen, damit
er möglichst lange
hält.

Zuckerhörnchen

→ Foto

Hefeteig
(→ Seite 10 f.)

Für den Teig: 500 g Mehl • 30 g Hefe
100 g Zucker • ¼ l Milch • 2 Eier
1 Prise Salz • 1 Päckchen Vanillezucker
80 g weiche Butter • 80 g gemahlene
Haselnusskerne
Außerdem: 100 g zerlassene Butter
100 g Zucker • 2 Eigelb • Streuzucker

TIPP

Wenn Sie den Teig
mit 1 Esslöffel
Rosenzucker
(→ Seite 12) ver-
feinern möchten,
geben Sie dafür ein-
fach etwas weniger
Zucker an den Teig.

1 Das Mehl in eine Schüssel sieben, in die Mitte eine Vertiefung drücken.

2 Die Hefe zerbröckeln, mit 1 Teelöffel Zucker in etwas lauwarmer Milch verrühren, in die Vertiefung geben.

3 Etwas Mehl vom Rand einrühren und einen breiartigen Vorteig bereiten. Zugedeckt an einem warmen Platz 20 Minuten gehen lassen.

4 Auf dem Mehlrand den restlichen Zucker, die Eier, Salz, Vanillezucker, die Butter in Flöckchen und die Nüsse anordnen. Von der Mitte her die Zutaten zu einem glatten Teig verkneten, dabei die restliche Milch zugeben. Nochmals 30 Minuten gehen lassen.

5 Den Teig auf bemehlter Fläche ausrollen. Quadrate von 20 Zentimeter Kantenlänge schneiden, mit der zerlassenen Butter bestreichen und mit dem Zucker bestreuen.

6 Die Quadrate von der Spitze beginnend aufwickeln und biegen, sodass kleine Hörnchen entstehen. Ein Backblech einfetten, die Hörnchen auflegen, mit Eigelb bestreichen. Streuzucker darübergeben.

7 Im vorgeheizten Backofen bei 200 °C (Gas Stufe 3, Umluft 180 °C) etwa 20 Minuten backen.

Püggensche Sahnekringel

Hefeteig
(→ Seite 10 f.)

Für den Teig: 500 g Mehl • 500 g weiche
Butter • 10 g Hefe • ¼ l Schlagsahne
Außerdem: 1 Ei
Hagelzucker zum Bestreuen

TIPP

Wenn Sie mögen,
können Sie die
Kringel statt mit
Hagelzucker auch
mit Vanillezucker
bestreuen.

1 Das Mehl in eine Schüssel sieben, in die Mitte eine Vertiefung drücken. Die Butter zerkleinern, mit der zerbröckelten Hefe und der Schlagsahne in die Vertiefung geben.

2 Von der Mitte her alles rasch verkneten. Aus dem Teig 20 Zentimeter lange fingerdicke Röllchen formen, zum Kreis drehen.

3 Ein Backblech einfetten, die Teigstücke auflegen. Das Ei verrühren, die Teigstücke damit bestreichen und mit Hagelzucker bestreuen.

4 Im vorgeheizten Backofen bei 200 °C (Gas Stufe 3, Umluft 180 °C) etwa 15 Minuten backen.

Blechkuchen: Saftig, fruchtig, raffiniert

Kirsch-Quark-Kuchen

Hefeteig
(→ Seite 10 f.)

Für den Teig: 400 g Mehl • 30 g Hefe
80 g Zucker • 200 ml Milch • 1 Prise Salz
½ TL abgeriebene Zitronenschale
1 Ei • 100 g weiche Butter
Für den Belag: 500 g abgetropfter Quark
2 Eier • 30 g Speisestärke
100 ml Schlagsahne • 150 g Zucker
1 Päckchen Vanillezucker
30 g fein geschnittenes Zitronat
Außerdem:
1½ kg entsteinte Sauerkirschen
50 g geröstete Mandelstifte
400 g Schmant • 4 Eier
30 g Speisestärke • 80 g Zucker
2 EL Zimtzucker zum Bestreuen

1 Das Mehl in eine Schüssel sieben, in die Mitte eine Vertiefung drücken. Die Hefe zerbröckeln, mit 1 Teelöffel Zucker in etwas lauwarmer Milch verrühren und in die Vertiefung gießen.

2 Etwas Mehl vom Rand einrühren, einen breiartigen Vorteig bereiten. Zugedeckt an einem warmen Ort 20 Minuten gehen lassen.

3 Auf dem Mehlrand den restlichen Zucker, Salz, Zitronenschale, das Ei und die Butter in Flöckchen anordnen. Die Zutaten von der Mitte her zu einem glatten Teig verkneten, dabei die restliche Milch zugeben. Nochmals 30 Minuten gehen lassen.

4 Für den Belag den Quark durch ein Sieb streichen. Eier, Speisestärke, Sahne, Zucker, Vanillezucker und Zitronat unterrühren.

5 Ein Backblech einfetten. Den Teig auf bemehlter Fläche ausrollen, auf das Backblech legen, einen Rand hochziehen. Die Teigplatte mit einer Gabel mehrmals einstechen.

6 Den Belag aufstreichen. Die Sauerkirschen darauf anordnen und mit Mandelstiften bestreuen. Schmant, Eier, Speisestärke und Zucker verrühren. Die Sauerkirschen damit überziehen.

7 Im vorgeheizten Backofen bei 200 °C (Gas Stufe 3, Umluft 180 °C) etwa 35 Minuten backen. Zimtzucker aufstreuen.

TIPP

Achten Sie beim Kauf von Sauerkirschen darauf, dass die Farbe kräftig ist, denn je intensiver die Farbe, desto aromatischer die Frucht. Die Haut sollte glatt und ohne Risse sein. Für Kirschen allgemein gilt: Zuerst waschen, dann entstielen und danach entsteinen.

TIPP

Zimtzucker können Sie als Fertigware im Handel kaufen oder je nach gewünschter Geschmacksintensität selbst mischen.

Versunkener Kirschkuchen

Biskuitteig
(→ Seite 11)

Für den Teig: 1 kg dunkle Süßkirschen
120 g Mehl • 80 g Speisestärke
1 TL Backpulver • 100 g gemahlene
Mandeln • je ½ TL Zimt- und Nelkenpulver • 1 TL abgeriebene Zitronenschale
200 g weiche Butter • 4 Eier
150 g Zucker • 2 Päckchen Vanillezucker
Außerdem: Puderzucker zum Bestäuben

1 Die Kirschen waschen, entstielen und entsteinen. Mehl, Speisestärke und Backpulver vermischen und in eine Schüssel sieben. Mandeln, Zimt, Nelken, Zitronenschale zugeben und untermischen.

2 Die Butter bei schwacher Hitze zerlassen und flüssig, aber nicht warm halten. Die Eier trennen. Eiweiß steif schlagen, Zucker und Vanillezucker zugeben.

3 Danach das Eigelb unter den Eischnee rühren. Die Butter zugießen und unterrühren. Die Mehlmischung nach und nach unterheben.

4 Ein Backblech mit Backpapier belegen. Den Teig daraufgeben und glatt streichen. Die Kirschen auf dem Teig verteilen, etwas in den Teig drücken.

5 Den Kuchen im vorgeheizten Backofen bei 200 °C (Gas Stufe 3, Umluft 180 °C) etwa 30 Minuten backen. Herausnehmen, auskühlen lassen. Das Backpapier ablösen. Den Kuchen mit Puderzucker bestäuben.

TIPP

Mit Eiweiß zubereitete Teige dürfen nicht lange stehen. Sie sollten daher sofort in den Ofen geschoben werden.

Thüringer Rupfkuchen

TIPP

Verwenden Sie
selbst gemachte
Kokosraspel aus der
frischen Nuss. Dazu
die Schale mit
einem Hammer
sprengen, das
Kokosfleisch heraus-
lösen und in der
Küchenmaschine
raspeln.

TIPP

Wenn Sie eine
frische Kokosnuss
schütteln, hören
Sie das Wasser im
Inneren schwappen.
Ist kein Geräusch
zu hören, ist das
Wasser schon einge-
trocknet und die
Nuss nicht mehr
frisch. Bohren Sie
oben ein Loch, um
die Kokosmilch
aufzufangen.

Hefeteig
(→ Seite 10 f.)

Für den Teig: 350 g Mehl • 20 g Hefe
80 g Zucker • 170 ml Milch • 1 Ei
1 Päckchen Vanillezucker • 1 Prise Salz
100 g weiche Butter
Für den Belag: 1 Päckchen Vanille-
Puddingpulver • 300 g Zucker • ¼ l Milch
¼ l Schlagsahne • 100 g Rosinen
125 g gehackte Mandeln • 1½ kg Johannisbeeren • 250 g Kokosraspel
100 g Mehl • 1 Ei • 125 g Butter
125 g saure Sahne
Für den Guss: 200 g Puderzucker
2 EL Kakao • 50 g Kokosfett

1 Das Mehl in eine Schüssel sieben, in die Mitte eine Vertiefung
drücken. Die Hefe zerbröckeln, mit
dem Zucker in lauwarmer Milch verrühren, in die Vertiefung gießen.

2 Etwas Mehl vom Rand einrühren
und einen breiartigen Vorteig
bereiten. Zugedeckt an einem warmen
Platz 20 Minuten gehen lassen.

3 Auf dem Mehlrand das Ei, Vanillezucker, Salz und die Butter in
Flöckchen anordnen. Von der Mitte
her alles zu einem glatten Teig verkneten. Nochmals zugedeckt 30 Minuten
gehen lassen.

4 Für den Belag das Puddingpulver
mit 1 Esslöffel Zucker in etwas
kalter Milch verrühren. Die restliche
Milch mit der Sahne in einen Topf
geben, erhitzen, das angerührte Puddingpulver und 2 Esslöffel Zucker einrühren, alles kurz aufwallen lassen.

5 Die Puddingmischung vom Herd
nehmen und auskühlen lassen.
Dabei hin und wieder umrühren, damit
sich keine Haut bildet.

6 Die Rosinen waschen, trocken
tupfen und mit den Mandeln in
den Pudding rühren. Die Johannisbeeren waschen und von den Rispen
streifen.

7 Ein Backblech einfetten. Den Teig
auf bemehlter Fläche ausrollen,
auf das Backblech legen, einen Rand
hochziehen. Den Teig mit einer Gabel
mehrmals einstechen.

8 Den Pudding aufstreichen und
mit den Beeren belegen. Kokos-
raspeln mit dem restlichen Zucker,
Mehl, Ei, Butter und Sahne verrühren.
Mit einem Löffel kleine Fladen auf die
Beeren setzen.

9 Den Kuchen im vorgeheizten
Backofen bei 200 °C (Gas Stufe
3, Umluft 180 °C) etwa 35 Minuten
backen. Herausnehmen, auskühlen
lassen.

10 Puderzucker sieben und mit
Kakao, 2 Esslöffel heißem Was-
ser und zerlassenem, ausgekühltem
Kokosfett verrühren. Die Glasur in
Fäden über den Kuchen ziehen.

Dresdner Eierschecke

Hefeteig
(→ Seite 10 f.)

Für den Teig: 2 EL Rosinen • 1 EL Rum
350 g Mehl • 25 g Hefe • 50 g Zucker
200 ml Milch • 1 Ei • 70 g weiche Butter
1 TL abgeriebene Zitronenschale
Für den Belag: 500 g abgetropfter Quark
50 g Zucker • 1 Ei • 2 Eigelb
1 EL Speisestärke • 4 EL Milch
Für den Guss: 250 g weiche Butter
125 g Zucker • 4 Eier
Außerdem: 50 g zerlassene Butter
50 g Puderzucker zum Bestäuben

1 Rosinen waschen, abtropfen lassen, mit Rum beträufeln. Das Mehl in eine Schüssel sieben, in die Mitte eine Vertiefung drücken.

2 Die Hefe zerbröckeln, mit dem Zucker in etwas lauwarmer Milch verrühren, in die Vertiefung gießen.

3 Etwas Mehl vom Rand einstreuen und einen breiartigen Vorteig bereiten. Zugedeckt an einen warmen Platz stellen und 20 Minuten gehen lassen.

4 Auf dem Mehlrand das Ei, die Butter in Flöckchen, Zitronenschale und Rosinen anordnen.

5 Von der Mitte her die Zutaten zu einem glatten Teig verkneten, dabei die restliche Milch zufügen.

6 Nochmals zugedeckt 30 Minuten an einem warmen Ort gehen lassen.

7 Für den Belag den Quark durch ein Sieb in eine Schüssel streichen. Zucker, Ei, Eigelb, Speisestärke und Milch unterrühren.

8 In einer anderen Schüssel Butter, Zucker und Eier schaumig rühren.

9 Ein Backblech einfetten. Den Teig auf bemehlter Fläche ausrollen, auf das Backblech legen, einen Rand hochziehen.

10 Den Teig mit einer Gabel mehrmals einstechen. Die Quarkmasse aufstreichen, die Buttermischung darübergeben.

11 Im vorgeheizten Backofen bei 200 °C (Gas Stufe 3, Umluft 180 °C) etwa 35 Minuten backen.

12 Herausnehmen, mit der Butter bestreichen und mit Puderzucker bestäuben.

Thüringer Schneewittchenkuchen

Rührteig
(→ Seite 10)

Für den Teig: 250 g weiche Butter
250 g Zucker • 6 Eier • 1 Prise Salz
400 g Mehl • 2 EL Speisestärke
1 Päckchen Backpulver • 2 EL Kakao
Für den Belag: ½ kg entsteinte Sauerkirschen • 1 Päckchen Vanille-Puddingpulver • 3 EL Zucker • ½ l Milch
250 g Butter
Außerdem: 300 g geraspelte Zartbitter-
Schokolade zum Bestreuen

1 Die Butter und den Zucker in einer Schüssel schaumig rühren. Nach und nach die Eier und das Salz unterrühren.

2 Das Mehl, die Speisestärke und das Backpulver vermischen, auf die Buttermischung sieben und untermischen.

3 Den Teig in 2 Portionen teilen und unter eine Hälfte des Teiges den Kakao mischen.

4 Ein Backblech einfetten, den dunklen Teig daraufgeben und mit einem Spatel glatt streichen. Den hellen Teig darübergeben, ebenfalls glatt streichen und mit Sauerkirschen belegen.

5 Im vorgeheizten Backofen bei 200 °C (Gas Stufe 3, Umluft 180 °C) etwa 35 Minuten backen.

6 Den Kuchen herausnehmen und auskühlen lassen.

7 Für die Creme das Puddingpulver mit dem Zucker in etwas kalter Milch verrühren.

8 Die restliche Milch in einen Topf füllen und zum Kochen bringen. Das angerührte Puddingpulver zugeben und unter Rühren kurz aufkochen lassen. Vom Herd nehmen.

9 Den Pudding auf Zimmertemperatur auskühlen lassen, dabei hin und wieder umrühren, damit sich keine Haut bildet.

10 Die zimmerwarme Butter in einer Schüssel schaumig schlagen. Den Pudding esslöffelweise zur Butter geben und unterrühren.

11 Die Buttercreme auf den ausgekühlten Kuchen streichen.

12 Den Kuchen mit der geraspelten Schokolade verzieren.

VARIANTE

Statt mit Schokoladenraspeln können Sie den Kuchen auch mit einer Glasur aus Zartbitter-Schokolade überziehen. Dafür schmelzen Sie 200 Gramm Zartbitter-Kuvertüre über dem heißen Wasserbad und überziehen den Kuchen damit. Anschließend sollten Sie den Kuchen sofort in einzelne Stücke zerschneiden, denn wenn die Kuvertüre erst einmal ausgehärtet ist, zerbröckelt sie beim Zerteilen leicht. Schön sehen darauf Sahnetupfen aus.

TIPP

Der Schneewittchenkuchen, der im süddeutschen Raum auch als Donauwellen bekannt ist, schmeckt besonders gut und aromatisch, wenn er über Nacht durchziehen kann.

TIPP

Statt mit geraspelter Schokolade können Sie den Schneewittchenkuchen auch sehr schön mit Formen aus Schokolade (→ Seite 13) wie Blättern, Sternen oder Herzen verzieren.

Quarkkuchen mit Heidelbeeren

Hefeteig
(→ Seite 10 f.)

Für den Teig: 400 g Mehl • 25 g Hefe
2 EL Zucker • 200 ml lauwarme Milch
80 g weiche Butter • 1 Ei
Für den Belag: 1 kg Heidelbeeren
500 g Sahnequark (40%) • 125 g Sahne
1 Ei • 2 EL Speisestärke • 3 EL Zucker
½ TL abgeriebene Zitronenschale
Saft von ½ Zitrone
Für den Guss: 500 g Schmant • 2 Eier
2 TL Speisestärke • 100 g Zucker

TIPP

Wenn Sie die
Zitrone vor dem
Auspressen kräftig
auf dem Tisch hin-
und herrollen,
gewinnen Sie mehr
Saft. Sie können die
Frucht auch kurz in
heißes Wasser legen
oder in den warmen
Backofen.

TIPP

Der Kuchen
schmeckt besonders
gut, wenn er über
Nacht durchziehen
kann. Anstelle von
Heidelbeeren
können Sie auch
Johannisbeeren,
Stachelbeeren,
Brombeeren oder
Kirschen
verwenden.

1 Das Mehl in eine Schüssel sieben und in die Mitte eine Vertiefung drücken.

2 Die Hefe mit dem Zucker in der Milch verrühren, in die Vertiefung gießen.

3 Etwas Mehl vom Rand darüberstreuen und einen breiartigen Vorteig bereiten. Zugedeckt an einem warmen Ort 20 Minuten gehen lassen.

4 Auf dem Mehlrand die Butter in Flöckchen und das Ei anordnen.

5 Alles von der Mitte her zu einem glatten Teig verkneten. Nochmals 30 Minuten an einen warmen Platz stellen und gehen lassen.

6 Die Heidelbeeren waschen und abtropfen lassen. Den Teig auf bemehlter Fläche ausrollen, ein Backblech einfetten und den Teig auflegen.

7 Einen Rand hochziehen, den Teig mit einer Gabel mehrmals einstechen, damit sich keine Blasen bilden.

8 Für den Belag den Quark abtropfen lassen und in eine Schüssel geben. Mit Sahne, Ei, Speisestärke, Zucker, Zitronenschale und Zitronensaft verrühren.

9 Die Quarkmasse auf dem Teig verteilen und mit den Heidelbeeren belegen.

10 Für den Guss den Schmant mit Eiern, Speisestärke und Zucker verrühren und die Heidelbeeren damit überziehen.

11 Im vorgeheizten Backofen bei 180 °C (Gas Stufe 2, Umluft 160 °C) etwa 35 Minuten backen.

VARIANTE

Sollten Sie außerhalb der Saison Lust auf einen fruchtig-frischen Kuchen bekommen, so greifen Sie auf Tiefkühl-Ware zurück. Im Supermarkt finden Sie das ganze Jahr über Beerenmischungen, die den frischen Früchten in nichts nachstehen. Die Früchte auftauen und dann in einem Sieb sehr gut abtropfen lassen, da sonst der Teig zu sehr durchweicht.

Schmantkuchen

Hefeteig
(→ Seite 10 f.)

Für den Teig: 350 g Mehl • 30 g Hefe
80 g Zucker • 200 ml Milch • 1 Ei
1 Prise Salz • 100 g weiche Butter
1 TL abgeriebene Zitronenschale
50 g gemahlene Haselnusskerne
Für den Belag: 1 Päckchen Vanille-
Puddingpulver • 4 EL Zucker • ¼ l Milch
¼ l Schlagsahne • 2 Eigelb • 30 g Butter
1 Prise Salz • 500 g Schmant
1 EL Zitronensaft • 1 TL abgeriebene
Zitronenschale • 30 g fein geschnittenes
Zitronat • 3 EL Korinthen
Außerdem: Puderzucker zum Bestäuben

1 Das Mehl in eine Schüssel sieben, in die Mitte eine Vertiefung drücken. Die Hefe zerbröckeln, mit 1 Teelöffel Zucker in etwas lauwarmer Milch verrühren, in die Vertiefung gießen.

2 Etwas Mehl vom Rand einrühren und einen breiartigen Vorteig bereiten. Zugedeckt an einem warmen Platz 20 Minuten gehen lassen.

3 Auf dem Mehlrand den restlichen Zucker, das Ei, Salz, die Butter in Flöckchen, Zitronenschale und Nüsse anordnen. Die Zutaten von der Mitte her zu einem glatten Teig verkneten, dabei die restliche Milch zufügen. Nochmals 30 Minuten gehen lassen.

4 Für den Belag das Puddingpulver mit 1 Esslöffel Zucker in etwas kalter Milch verrühren. Die restliche Milch mit der Sahne zum Kochen bringen, das angerührte Puddingpulver und den restlichen Zucker einrühren. Kurz aufwallen lassen.

5 Puddingmasse vom Herd nehmen, etwas auskühlen lassen, dabei hin und wieder umrühren, damit sich keine Haut bildet. Eigelb, Butter und Salz unterrühren. Die Masse auskühlen lassen. Schmant, Zitronensaft, Zitronenschale, Zitronat und Korinthen unterrühren.

6 Ein Backblech einfetten. Den Teig auf bemehlter Fläche ausrollen, auf das Backblech legen, einen Rand hochziehen. Den Teig mit einer Gabel mehrmals einstechen. Die Schmantmasse aufstreichen.

7 Im vorgeheizten Backofen bei 180 °C (Gas Stufe 2, Umluft 160 °C) etwa 40 Minuten backen. Herausnehmen, auskühlen lassen, mit Puderzucker bestäuben.

TIPP

Frische Hefe bewahren Sie am besten in Alufolie gewickelt im Kühlschrank auf. So bleibt sie länger frisch. Wenn Reste aufbewahrt werden, sollten sie auf jeden Fall mit dem Verfallsdatum versehen werden.

TIPP

Kuchen aus Hefeteig bewahrt man am besten in einer Frischhaltebox auf, das schützt ihn vor dem Austrocknen.

Saftiger Brombeerkuchen

Hefeteig
(→ Seite 10 f.)

Für den Teig: 450 g Mehl • 30 g Hefe
80 g Zucker • ¼ l Milch
100 g weiche Butter • 1 Ei • 1 Prise Salz
1 TL abgeriebene Zitronenschale
Für den Belag: 150 g abgetropfter Quark
150 g Schmant • 2 Eigelb • 60 g Zucker
2 Päckchen Vanillezucker • 1 EL Speisestärke • 20 g fein geschnittenes Orangeat
1 kg Brombeeren
Für die Streusel: 200 g Mehl
200 g Zucker • 200 g Butterschmalz

1 Das Mehl in eine Schüssel sieben, in die Mitte eine Vertiefung
drücken.

2 Die Hefe zerbröckeln und mit
1 Teelöffel Zucker in etwas lauwarmer Milch verrühren, in die Vertiefung gießen.

3 Etwas Mehl vom Rand zufügen
und einen breiartigen Vorteig
bereiten. Zugedeckt an einen warmen
Platz stellen und 20 Minuten gehen
lassen.

4 Auf dem Mehlrand den restlichen
Zucker, die Butter in Flöckchen,
Ei, Salz und Zitronenschale verteilen.

5 Von der Mitte her die Zutaten zu
einem glatten Teig verkneten,
dabei die restliche Milch zufügen.

6 Nochmals 30 Minuten zugedeckt
an einem warmen Ort gehen lassen.

7 Ein Backblech einfetten. Den
Teig durchkneten, auf bemehlter
Fläche ausrollen, auf das Backblech
geben, einen Rand hochziehen.

8 Den Teig mit einer Gabel mehrmals einstechen, damit sich keine
Blasen bilden.

9 Für den Belag Quark, Schmant,
Eigelb, Zucker, Vanillezucker,
Speisestärke und Orangeat verrühren.
Auf den Teig streichen.

10 Die Brombeeren waschen,
abtropfen lassen und auf dem
Belag anordnen.

11 Aus Mehl, Zucker und Butterschmalz Streusel bereiten und
auf den Brombeeren verteilen.

12 Im vorgeheizten Backofen bei
200 °C (Gas Stufe 3, Umluft
180 °C) etwa 35 Minuten backen.

VARIANTE

Sie können den Belag auch variieren,
indem Sie 300 Gramm Crème fraîche,
2 Päckchen Vanillezucker und ½ Teelöffel abgeriebener Orangenschale verrühren und darauf die Brombeeren
oder die Früchte Ihrer Wahl anordnen.

Zarter Apfelkuchen

→ Foto

Rührteig
(→ Seite 10)

(→ Seite 10)

Für den Teig: 250 g weiche Butter
200 g Zucker • 1 Päckchen Vanillezucker
4 Eier • 1 Prise Salz • 4 Tropfen Rum-
Aroma • ½ TL abgeriebene Zitronenschale • 200 g Mehl • 50 g Speisestärke
1 Päckchen Backpulver
100 g gemahlene Mandeln
Für den Belag: 200 g Marzipan-
Rohmasse • 100 g Puderzucker
150 g Aprikosenkonfitüre
2 EL Obstgeist • 6 mittelgroße Äpfel
150 g Mandelstifte

1 Die Butter schaumig schlagen, Zucker, Vanillezucker, Eier, Salz, Rum-Aroma und Zitronenschale dazugeben. Mehl, Speisestärke und Backpulver vermischen und mit den Mandeln zugeben. Ein Backblech einfetten, den Teig daraufgeben und glatt streichen.

2 Marzipan mit Puderzucker verkneten. 12 Kugeln formen und flach drücken. Die Konfitüre durch ein Sieb streichen und mit dem Obstgeist verrühren. Die Äpfel schälen, halbieren, das Kernhaus entfernen. In die Mulde die Konfitüre füllen.

3 Die Apfelhälften mit der gefüllten Seite nach oben auf die Marzipankreise setzen und leicht in den Teig drücken, mit den Mandelstiften bestreuen. Im vorgeheizten Backofen bei 180 °C (Gas Stufe 2, Umluft 160 °C) etwa 40 Minuten backen.

Dunkler Apfelkuchen

Rührteig
(→ Seite 10)

(→ Seite 10)

Für den Teig: 1 kg Äpfel • 4 EL Rum
250 g weiche Butter • 250 g Zucker
4 Eier • 250 g Mehl • 2 TL Backpulver
1 TL Zimt • 2 EL Kakao • 100 g geraspelte
Zartbitter-Schokolade • 100 g gehackte
Walnusskerne • 2 EL Semmelbrösel
Außerdem: 20 Walnusshälften
125 g Quittengelee

1 Die Äpfel schälen, in Viertel schneiden, Kernhaus entfernen. Die Apfelstücke in Spalten schneiden. Mit dem Rum beträufeln. Zugedeckt beiseite stellen.

2 Die Butter mit dem Zucker schaumig rühren. Nach und nach die Eier unterrühren. Mehl und Backpulver vermischen, auf die Buttermasse sieben, mit Zimt, Kakao, Schokolade und Walnüssen untermischen.

3 Ein Backblech einfetten, mit Semmelbröseln bestreuen, den Teig daraufgeben, glatt streichen. Apfelspalten auflegen, Walnusshälften darauf anordnen. Im vorgeheizten Backofen bei 200 °C (Gas Stufe 3, Umluft 180 °C) etwa 35 Minuten backen. Herausnehmen, Quittengelee erwärmen, den Kuchen damit überziehen.

Kirschkuchen mit Rotweindecke

Mürbteig
(→ Seite 10)

(→ Seite 10)

Für den Teig: 350 g Mehl
2 TL Backpulver • 200 g Zucker
½ TL abgeriebene Zitronenschale
je 1 Prise Zimt und Nelkenpulver
2 TL Kakao • 2 Eigelb • 4 EL Kirschwasser
200 g kalte Butter • je 60 g gemahlene
Mandeln und Walnüsse
Für den Belag: 200 g Himbeer-
marmelade • 1 kg entsteinte Sauerkirschen • 75 g gehackte Mandeln
Für die Decke: 1 Päckchen Kirsch-
Puddingpulver • 3 EL Zucker
450 ml Rotwein • 1 Eigelb • 200 g Butter
50 g Kokosfett
Für den Guss: 3 Blatt rote Gelatine
3 EL Kirschlikör • 300 ml Kirschsaft
100 g weiße Kuvertüre zum Dekorieren

TIPP

Eingelegte Sauer-
kirschen sollten vor
dem Belegen in
einem Sieb gut
abtropfen können,
da sonst der Teig zu
sehr aufweicht. Fan-
gen Sie den Saft auf
und verwenden Sie
ihn in der Glasur.

TIPP

Statt der gemahle-
nen Mandeln und
Walnüsse können
Sie auch Haselnüsse
verwenden. Sollten
Sie ganze Nüsse
selbst hacken, dann
bestreuen Sie diese
vorher mit etwas
Zucker. Dann sprin-
gen die Nüsse nicht
so leicht vom Brett.

1 Mehl und Backpulver vermischen und in eine Schüssel sieben. In die Mitte eine Vertiefung drücken.

2 Zucker, Zitronenschale, Zimt, Nelken, Kakao, Eigelb und Kirschwasser in die Vertiefung geben.

3 Etwas Mehl darüberstreuen und alles zu einem breiartigen Teig vermengen.

4 Die Butter in Stücke schneiden, mit den Mandeln und den Nüssen auf den Teig geben, mit Mehl bedecken.

5 Von der Mitte her alles zu einem glatten Teig verkneten. 30 Minuten kalt stellen.

6 Ein Backblech einfetten, den Teig auf bemehlter Fläche ausrollen und auf das Blech legen. Den Teig mit einer Gabel mehrmals einstechen. Die Marmelade auf den Teig streichen. Die Sauerkirschen darauf anordnen, die Mandeln aufstreuen.

7 Im vorgeheizten Backofen bei 180 °C (Gas Stufe 2, Umluft 160 °C) etwa 35 Minuten backen. Herausnehmen, auskühlen lassen.

8 Das Puddingpulver und den Zucker in etwas Rotwein glatt rühren, den restlichen Rotwein zum Kochen bringen. Das angerührte Puddingpulver einrühren und aufwallen lassen. Dann auskühlen lassen, dabei mehrmals umrühren, damit sich keine Haut bildet.

9 Das Eigelb in die Puddingmasse einrühren, Butter und Kokosfett zerlassen, den Pudding esslöffelweise unterrühren. Den Kuchen damit bestreichen.

10 Die Gelatine in etwas kaltem Wasser einweichen und aus-drücken, dann in leicht erwärmtem Kirschlikör auflösen und mit dem Kirschsaft verrühren. Sobald die Masse zu gelieren beginnt, den Kuchen damit überziehen.

11 Die Kuvertüre im heißen Wasser-bad zum Schmelzen bringen, in eine kleine Spritztüte füllen und in feinen Wellenlinien den Kuchen damit dekorieren.

Kirmeskuchen

Hefeteig
(→ Seite 10 f.)

Für den Teig: 400 g Mehl • 30 g Hefe
100 g Zucker • 200 ml Milch • 1 Prise Salz
100 g weiche Butter • 2 Eier
Für den Belag: 100 g Rosinen
2 EL Weinbrand • 100 g weiche Butter
200 g Zucker • 4 Eier • 800 g abgetropfter
Quark • 200 g Schmant • 1 Prise Salz
1 TL abgeriebene Zitronenschale
50 g gehackte Mandeln • 100 ml Schlagsahne • 1 Päckchen Vanille-Puddingpulver
Für die Streusel: 200 g Mehl
200 g Zucker • 225 g kalte Butter
2 EL Kakao • 50 g gemahlene Mandeln

1 Das Mehl in eine Schüssel sieben, in die Mitte eine Vertiefung
drücken. Die Hefe zerbröckeln, mit 1
Teelöffel Zucker in etwas lauwarmer
Milch verrühren, in die Vertiefung
gießen.

2 Etwas Mehl vom Rand einrühren
und einen breiartigen Vorteig
bereiten. Zugedeckt an einem warmen
Ort 20 Minuten gehen lassen.

3 Auf dem Mehlrand den restlichen
Zucker, Salz, die Butter in Flöckchen und die Eier anordnen.

4 Von der Mitte her die Zutaten zu
einem glatten Teig verkneten,
dabei die restliche Milch zugeben.
Nochmals zugedeckt 30 Minuten
gehen lassen.

5 Für den Belag die Rosinen
waschen und mit Weinbrand
beträufeln. Butter, Zucker und Eier
schaumig rühren.

6 Den Quark durch ein Sieb in eine
Schüssel streichen. Mit Schmant,
Salz, Mandeln und Zitronenschale ver-
rühren, zur Buttermischung geben.

7 Die Schlagsahne und das Puddingpulver verrühren und zusammen mit den Rosinen in die Quarkmasse einrühren.

8 Für die Streusel das Mehl sieben.
Zucker, die Butter in Stückchen,
Kakao und die Mandeln zufügen.
Streusel formen.

9 Den Teig auf bemehlter Fläche
ausrollen. Ein Backblech einfetten, den Teig auflegen. Einen Rand
hochziehen. Die Teigplatte mit einer
Gabel mehrmals einstechen.

10 Die Quarkmischung auf den Teig
geben, glatt streichen und mit
Streuseln bestreuen.

11 Im vorgeheizten Backofen bei
200 °C (Gas Stufe 3, Umluft
180 °C) etwa 40 Minuten backen.

VARIANTE

Wenn es schnell gehen soll, kann man
bei Hefeteig auch zur Trockenhefe
greifen. Sie hat den Vorteil, dass sie
keinen Vorteig braucht. Man vermischt
sie mit dem gesiebten Mehl und den
restlichen Zutaten zu einem geschmeidigen Teig. Dem durchgekneteten Teig
gönnt man dann 30 Minuten Ruhe. Ein
Beutel Trockenhefe enthält 7 Gramm,
das entspricht 25 Gramm frischer
Hefe.

TIPP

Wie lange der Hefe-
teig gehen muss,
hängt von der
Menge und Frische
der Hefe ab.
Je weniger Hefe
verwendet wird und
je frischer sie ist,
desto länger dauert
es, bis sich ihre
Wirkung entfaltet.
Und immer daran
denken: Der Hefe-
teig verträgt keine
Zugluft!

TIPP

Weizenmehl
Type 405 ist für
Hefeteig besonders
gut geeignet.

Kirschkuchen

Rührteig
(→ Seite 10)

Für den Teig: 1 kg dunkle Kirschen
250 g weiche Butter • 200 g Zucker
1 Päckchen Vanillezucker
4 EL Kakao • 4 Eier • je ½ TL Zimt- und
Nelkenpulver • 1 Prise Salz • ½ Fläsch-
chen Rum-Aroma • 200 g Mehl
50 g Speisestärke • 2 TL Backpulver
2 EL Kakao • 100 g gemahlene Mandeln
100 g gehackte Walnusskerne
200 g geriebene Zartbitter-Schokolade
Für den Guss: 200 g Puderzucker
2 bis 3 EL Zitronensaft • 30 g weiche Butter
Außerdem: 3 EL gehackte Pistazien
zum Bestreuen

1 Die Kirschen waschen, entstielen
und entkernen. Zur Seite stellen
und abtropfen lassen.

2 Butter in einer Schüssel schaumig rühren, Zucker, Vanillezucker
und die Eier unterrühren.

3 Zimt, Nelkenpulver, Salz und
das Rum-Aroma zufügen und
einrühren.

4 Das Mehl, die Speisestärke und
das Backpulver mischen, über
den Teig sieben und mit dem Kakao
unterrühren.

5 Die Mandeln, die gehackten Walnusskerne und die Hälfte der
geriebenen Schokolade unter den Teig
mischen. Ein Backblech einfetten und
die Hälfte des Teiges daraufgeben und
glatt streichen.

6 Die Kirschen auf dem Teig verteilen und mit der restlichen Schokolade bestreuen. Mit dem restlichen
Teig bedecken und vorsichtig glatt
streichen.

7 Im vorgeheizten Backofen bei
180 °C (Gas Stufe 2, Umluft
160 °C) etwa 35 Minuten backen. Den
Kuchen herausnehmen und auskühlen
lassen.

8 Für den Guss den Puderzucker
sieben, mit Zitronensaft und Butter zu einer dickflüssigen Glasur verrühren, in diagonalen Streifen über
den Kuchen ziehen. Mit Pistazien
bestreuen.

VARIANTE

Zum Verzieren können Sie statt der
Glasur aus Puderzucker auch
100 Gramm weiße Kuvertüre verwenden. Die Kuvertüre zerkleinern,
im heißen Wasserbad schmelzen und
danach in feinen Linien über den
Kuchen ziehen. Statt der Pistazien
können Sie auch andere gehackte
Nüsse verwenden.

TIPP

Blechkuchen lassen
sich problemlos ein-
frieren. Dazu die
einzelnen Stücke in
Gefrierbeutel geben
und diese gut ver-
schließen. Bei
Bedarf die Stücke
im Ofen bei 160 °C
kurz auftauen.

TIPP

Wenn das Backblech
eingefettet werden
soll, kann man es
kurz im warmen
Backofen vorwär-
men, dann geht es
einfacher. Dazu neh-
men Sie am besten
einen Backpinsel.

Mascarponekuchen

Mürbteig
(→ Seite 10)

Für den Teig: 300 g Mehl
1 TL Backpulver • 150 g Zucker
1 Päckchen Vanillezucker
2 Eigelb • 4 EL Milch • 150 g kalte Butter
Für den Belag: 300 g Kirschkonfitüre
2 EL Kirschwasser • 500 g Mascarpone
150 g Joghurt • 125 g Puderzucker
150 ml Eierlikör • 150 g gemahlene Haselnusskerne • 100 g gehackte geröstete
Haselnusskerne • 4 Blatt weiße Gelatine
¼ l Schlagsahne • 1 Prise Salz
Außerdem: 150 g geriebene Zartbitter-
Schokolade zum Bestreuen

1 Mehl und Backpulver in eine Schüssel sieben, in die Mitte eine Vertiefung drücken.

2 Zucker, Vanillezucker, Eigelb und die Milch hineingeben, mit einem Teil des Mehls zu einem breiartigen Teig vermengen.

3 Die Butter in Stücken auflegen, mit Mehl bedecken. Die Zutaten zu einem glatten Teig verkneten. Eine Kugel formen, 30 Minuten kalt stellen.

4 Ein Backblech einfetten. Den Teig auf bemehlter Fläche ausrollen, auf das Backblech legen, mit einer Gabel mehrmals einstechen.

5 Im vorgeheizten Backofen bei 200 °C (Gas Stufe 3, Umluft 180 °C) etwa 15 Minuten backen.

6 Die Konfitüre mit dem Kirschwasser verrühren, den Kuchen damit bestreichen.

7 Mascarpone, Joghurt, Puderzucker und Eierlikör verrühren. Die Nüsse unterrühren.

8 Die Gelatine in etwas kaltem Wasser einweichen, ausdrücken, leicht erwärmen, sodass sie sich auflösen kann, dann unter die Mascarponemasse rühren.

9 Kühl stellen, bis die Masse sich verfestigt hat.

10 Die Sahne mit dem Salz steif schlagen und unter die Mascarponemasse heben. Die Masse auf die Teigplatte streichen. Mit Schokolade bestreuen. Vor dem Schneiden sollte der Kuchen am besten über Nacht kühl gestellt werden.

VARIANTE

Verzieren Sie den Kuchen für eine besondere Gelegenheit doch einmal mit selbst gemachten Nusspralinen. Dafür vermischt man 60 Gramm gehackte und geröstete Haselnüsse mit 1 Esslöffel Ingwerkonfitüre und 1 Esslöffel Rum. Im Wasserbad 250 Gramm Vollmilch-Kuvertüre schmelzen lassen und in die Nussmasse einrühren. Alles kalt stellen. Dann 125 Gramm Zartbitter-Kuvertüre im Wasserbad schmelzen, abkühlen lassen und erneut erwärmen. Aus der Pralinenmasse kleine Kugeln formen und mithilfe einer Pralinennadel in die Zartbitter-Kuvertüre tauchen. Die Pralinen zum Trocknen auf Alufolie setzen. Die Nusspralinen kann man zusätzlich mit kandierten Früchten verzieren.

TIPP

Statt Kirschkonfitüre können Sie auch Johannisbeergelee oder eine andere Fruchtkonfitüre Ihrer Wahl verwenden. Probieren Sie es einmal mit Ihrer Lieblingskonfitüre!

TIPP

Wenn Sie auf den Alkohol lieber verzichten oder wenn Kinder unter den Gästen sind, können Sie das Kirschwasser auch durch Fruchtsaft ersetzen.

Aprikosenkuchen

Rührteig
(→ Seite 10)

Für den Teig: 250 g gemahlene Mandeln
200 g Zucker • 1 Päckchen Vanillezucker
1 Prise Salz • 2 Tropfen Bittermandelöl
250 g Mehl • 1 Päckchen Backpulver
3 Eier • ⅛ l Milch • 2 EL Rum
Für den Belag: 2 kg entsteinte
halbierte Aprikosen • 50 g gehackte
Mandeln • 1 Päckchen Vanille-Puddingpulver • 4 EL Zucker • ¼ l Milch
¼ l Schlagsahne • 30 g Kokosfett
225 g Butter
Außerdem: 200 g Zartbitter-Schokolade
100 g Nugat • 1 EL Rum • 1 Prise Zimt
1 TL Öl • ¼ l Schlagsahne
2 Päckchen Vanillezucker

TIPP

Ob Aprikosen reif sind, erkennt man daran, dass sie auf leichten Fingerdruck nachgeben und angenehm duften. Aprikosen sollten möglichst noch am Einkaufstag verzehrt werden, da sie schnell ihr Aroma verlieren.

TIPP

Wenn die Aprikosen sehr saftig sind, kann sich die Backzeit verlängern. Machen Sie deshalb bei Kuchen mit Früchten immer eine Garprobe (→ Seite 9).

Russischer Zupfkuchen

Rührteig
(→ Seite 10)

Für den Teig: 250 g weiche Butter
200 g Zucker • 3 Eier
1 Päckchen Vanillezucker • 500 g Mehl
1 Päckchen Backpulver • 3 EL Kakao
Für den Belag: 1 Päckchen Vanille-
Puddingpulver • 250 g Zucker • ¼ l Milch
¼ l Schlagsahne • 750 g abgetropfter
Quark • 1 TL abgeriebene Zitronenschale
2 Eier • 150 g zerlassene Butter
Außerdem: 50 g zerlassene Butter
zum Bestreichen • Puderzucker zum
Bestäuben

1 Die Butter in einer Schüssel schaumig rühren. Nach und nach den Zucker, die Eier und den Vanillezucker unterrühren.

2 Mehl und Backpulver vermischen, in eine separate Schüssel sieben, mit dem Kakao vermischen. Dann zur Buttermasse geben und alles verkneten.

3 Ein Backblech einfetten. Zwei Drittel des Teiges auf bemehlter Fläche ausrollen, auf das Backblech legen, einen Rand für den Belag hochziehen.

4 Den Teig mit einer Gabel mehrmals einstechen, damit sich beim Backen keine Blasen bilden.

5 Puddingpulver mit 1 Esslöffel Zucker in etwas kalter Milch verrühren.

6 Die restliche Milch mit der Sahne zum Kochen bringen, das angerührte Puddingpulver und 2 Esslöffel Zucker einrühren. Kurz aufwallen lassen.

7 Vom Herd nehmen, auf Zimmertemperatur auskühlen lassen, dabei hin und wieder umrühren, damit sich keine Haut bildet.

8 Den Quark durch ein Sieb streichen, mit dem restlichen Zucker, der Zitronenschale, den Eiern, der Butter und der Puddingmasse verrühren.

9 Die Masse auf den Teig geben und mit einem Spatel glatt streichen.

10 Aus dem restlichen Teig kleine Stücke zupfen und auf der Quarkmischung dekorativ anordnen.

11 Im vorgeheizten Backofen bei 180 °C (Gas Stufe 2, Umluft 160 °C) etwa 40 Minuten backen.

12 Herausnehmen, mit Butter bestreichen und zum Schluss mit Puderzucker bestäuben.

TIPP

Wenn Sie testen möchten, ob die Eier noch frisch sind, legen Sie sie in ein Glas mit kaltem Wasser. Sinken die Eier auf den Boden, haben sie die für den Teig gewünschte Qualität.

TIPP

Leichter wird das Einfetten des Backblechs, wenn Sie über die Rückseite des Blechs heißes Wasser laufen lassen. Dann schnell abtrocknen und das Fett auf das Blech geben. Es wird verteilt, indem man das Blech hin und her schwenkt.

Verzierter Käsekuchen

Hefeteig
(→ Seite 10 f.)

Für den Teig: 450 g Mehl • 30 g Hefe
100 g Zucker • ¼ l lauwarme Milch
1 Päckchen Vanillezucker • 1 Prise Salz
100 g weiche Butter • 1 Ei
Für den Belag: 100 g weiche Butter
250 g Zucker • 3 Eier • 750 g abgetropfter
Quark • 2 EL Vanille-Puddingpulver
½ TL abgeriebene Zitronenschale
1 Prise Salz • 50 g gemahlene Mandeln
100 g gehackte Mandeln • 200 g Rosinen
3 EL Weinbrand
Außerdem: 300 g Puderzucker
3 EL Kakao • 50 g zerlassenes Kokosfett

TIPP

Wer keine Rosinen
mag, nimmt die
gleiche Menge an
gehackten Nüssen.
In der hier abgebil-
deten Form ist die-
ser Käsekuchen vor
allem in Thüringen
verbreitet. Dort wird
er gerne zu Hochzei-
ten gebacken und
stellt eine feste
Größe auf dem
Kuchenbüfett dar.

TIPP

Hefekuchen sollte
man in einfachen
Gas- oder Elektro-
herden immer auf
der mittleren Ein-
schubleiste backen,
damit der Belag gar
und der Boden
knusprig wird.

1 Das Mehl in eine Schüssel sieben, in die Mitte eine Vertiefung
drücken.

2 Die Hefe zerbröckeln, mit 1 Teelöffel Zucker in etwas lauwarmer
Milch verrühren, in die Vertiefung
geben.

3 Etwas Mehl vom Rand zufügen
und einen breiartigen Vorteig
bereiten. Zugedeckt an einem warmen
Ort 20 Minuten gehen lassen.

4 Auf dem Mehlrand den restlichen
Zucker, Vanillezucker, Salz, die
Butter in Flöckchen und das Ei anord-
nen.

5 Die Zutaten von der Mitte her zu
einem glatten Teig verkneten,
dabei die restliche Milch zufügen.

6 Zugedeckt an einen warmen
Platz stellen und 30 Minuten
gehen lassen.

7 Für den Belag die Butter schaumig rühren. Zucker, Eier und
Quark einrühren. Puddingpulver, Zitronenschale, Salz, Mandeln, Rosinen
und Weinbrand untermischen.

8 Ein Backblech einfetten. Den Teig
durchkneten, auf bemehlter
Fläche ausrollen, auf das Backblech
legen, einen Rand für den Belag hochziehen.

9 Den Teig mit einer Gabel mehrmals einstechen. Die Quarkmasse aufstreichen.

10 Im vorgeheizten Backofen bei
180 °C (Gas Stufe 2, Umluft
160 °C) etwa 40 Minuten backen.
Herausnehmen und auskühlen lassen.

11 Für den Guss Puderzucker sieben, Kakao, 2 Esslöffel heißes
Wasser zufügen und alles glatt rühren.
Dann das zerlassene Kokosfett einrühren.

12 Den Kuchen damit bestreichen
und mit einer Gabel dekorative
Wellenlinien in den noch weichen
Guss ziehen.

VARIANTE

Den Belag können Sie auch variieren,
indem Sie 2 Eier, 2 Eigelb, 500 Gramm
abgetropften Quark, 100 Gramm
Sahne und 200 Gramm Crème fraîche
verrühren. Nach Schritt 6 die Rosinen
und die Mandeln auf den Teig geben
und die Quark-Ei-Masse darübergeben. Dann weiter mit Schritt 8.

Weinbrandkuchen mit Cremedecke

Rührteig
(→ Seite 10)

Für den Teig: 300 g gemischtes Trockenobst (Rosinen, Korinthen, Aprikosen,
Birnen, Pflaumen) • 4 EL Weinbrand
1 Päckchen Vanillezucker
250 g weiche Butter • 200 g Zucker
6 Eier • je 1 Prise Salz, Zimt und Ingwer
200 g Mehl • 50 g Speisestärke
2 TL Backpulver • 50 g gemahlene
Mandeln • 100 ml Weinbrand
Für den Belag: 1 Päckchen Puddingpulver • ¼ l Milch • ¼ l Sahne
3 EL Zucker • 1 Eigelb • 200 g weiche
Butter • 50 g Kokosfett
Außerdem: Kakao zum Bestäuben

1 Das Trockenobst, wenn nötig,
klein schneiden und mit Weinbrand beträufeln. Beiseite stellen.

2 Die Butter in einer Schüssel
schaumig rühren, Zucker, Vanillezucker, Eier, Salz, Zimt und Ingwer
unterrühren.

3 Das Mehl mit der Speisestärke
und dem Backpulver vermischen,
auf die Masse sieben und nach und
nach mit den Mandeln in die Buttermasse einrühren. Das Trockenobst
untermischen.

4 Ein Backblech mit Backpapier
belegen, den Teig daraufgeben
und glatt streichen.

5 Im vorgeheizten Backofen bei
180 °C (Gas Stufe 2, Umluft
160 °C) etwa 25 Minuten backen.

Herausnehmen, auskühlen lassen, das
Backpapier entfernen.

6 Den Kuchen mit Weinbrand
beträufeln und über Nacht stehen
lassen.

7 Am nächsten Tag die Creme
bereiten. Dafür das Puddingpulver in etwas kalter Milch verrühren, die
restliche Milch mit der Sahne zum
Kochen bringen, das angerührte Puddingpulver und den Zucker einrühren.

8 Alles kurz aufwallen lassen, vom
Herd nehmen, auskühlen lassen.
Hin und wieder umrühren, damit sich
keine Haut bildet.

9 Das Eigelb einrühren. Die Butter
und das zerlassene, abgekühlte
Kokosfett schaumig rühren, den Pudding esslöffelweise unterrühren. Den
Kuchen mit der Creme bestreichen
und mit Kakao bestäuben.

VARIANTE

Sie können den Kuchen alternativ
auch mit einer sahnigen Quarkcreme
bestreichen. Dafür 4 Eigelb mit
200 Gramm Zucker, einem Päckchen
Vanillezucker, 600 Gramm abgetropf-
tem Quark und 200 Gramm Schmant
verrühren. 3 Blätter weiße Gelatine in
etwas kaltem Wasser einweichen,
ausdrücken, leicht erwärmen und
untermischen. ¼ Liter Schlagsahne
steif schlagen und unterheben. Mit
geraspelter Schokolade verzieren.

TIPP

Nach Belieben kann
man den Kuchen
auch mit etwas
Instant-Kaffee oder
Espressopulver
bestäuben.

TIPP

Sobald das Mehl
nicht mehr sichtbar
ist, sollte man nicht
mehr rühren, da
sonst das Kleber-
eiweiß im Mehl
aktiviert und der
Teig zäh wird.

Birnenkuchen

Mürbteig
(→ Seite 10)

Für den Teig: 400 g Mehl • 2 TL Backpulver • 125 g Zucker • 3 EL Kakao • 1 Ei 2 EL Milch • 225 g kalte Butter
Für den Belag: 6 reife Birnen 3 EL Zitronensaft • 12 Amarenakirschen (in Sirup) • 100 g weiche Butter 150 g Zucker • 4 Eier • 150 g gemahlene Mandeln • 50 g Mehl • 30 g Speisestärke ½ TL Zimt • 2 TL abgeriebene Zitronenschale • 30 g Mandelstifte
Außerdem: Puderzucker zum Bestäuben

1 Das Mehl und das Backpulver mischen und in eine Schüssel sieben. In die Mitte eine Vertiefung drücken.

2 Zucker, Kakao, Ei und Milch in die Vertiefung geben, mit einem Teil des Mehls bedecken, einen breiartigen Teig bereiten.

3 Die Butter in Stücke schneiden, obenauf legen, mit Mehl bestäuben. Die Zutaten von der Mitte her zu einem glatten Teig verkneten. Eine Kugel aus dem Teig formen, 30 Minuten kalt stellen.

4 Die Birnen schälen, halbieren, dabei das Kernhaus entfernen. Stiel und Blütenansatz entfernen. Die Birnen mit Zitronensaft beträufeln.

5 Die Kirschen abtropfen lassen. Butter, Zucker und Eier schaumig rühren. Mandeln, Mehl, Speisestärke, Zimt und Zitronenschale unterrühren.

6 Ein Backblech einfetten. Den Teig auf bemehlter Fläche ausrollen, auf das Backblech geben. Einen Rand hochziehen. Den Teig mit einer Gabel mehrmals einstechen, damit sich keine Blasen bilden.

7 Die Birnen abtropfen lassen. In die Vertiefung jeder Birnenhälfte eine Kirsche legen. Die Birnenhälften mit der Schnittfläche nach unten auf den Teig legen. Die Mandelmasse darübergeben. Mandelstifte aufstreuen.

8 Im vorgeheizten Backofen bei 180 °C (Gas Stufe 2, Umluft 160 °C) etwa 45 Minuten backen. Herausnehmen, auskühlen lassen und zum Schluss mit Puderzucker bestäuben.

TIPP

Birnen sind ein Obst mit sehr geringem Fruchtsäureanteil. Beim Einkauf sollte man darauf achten, dass die Früchte unbeschädigt sind und keine Flecken haben.

TIPP

Nach dem Aufschneiden sollten Birnen sofort mit Zitronensaft beträufelt werden, damit sie sich nicht bräunlich verfärben.

VARIANTE

Statt der Birnen können Sie diesen Kuchen auch einmal mit anderen Früchten variieren: Ob Pflaumen, Zwetschgen, Mirabellen oder Renecloden, alle diese köstlichen Früchte eignen sich wunderbar für diesen fruchtigen Kuchen. Am besten schmecken sie natürlich frisch vom Baum.

Mandarinen-Orangen-Kuchen

Rührteig
(→ Seite 10)

Für den Teig: 200 g weiches Butterschmalz • 150 g Zucker • 1 TL abgeriebene Zitronenschale • 4 Eier • 1 Prise Salz ⅛ l Sahne • 2 EL Rum • 1 bis 2 Tropfen Rum-Aroma • 100 g geriebene Mandeln je 50 g klein geschnittenes Zitronat und Orangeat • 450 g Mehl • 50 g Speisestärke • 1 Päckchen Backpulver
Für den Belag: 500 g bittere Orangenkonfitüre • ½ l Milch • 1 Päckchen Vanille-Puddingpulver • 100 g Zucker 100 g gehackte Mandeln • 30 g Butter 150 g Schmant • 1 Eigelb • 400 g abgetropfte Mandarinen (Dose oder Glas)
Für die Streusel: 300 g Mehl 250 g Zucker • 100 g gemahlene Mandeln • 2 EL Kakao • 1 bis 2 Tropfen Rum-Aroma 250 g Butterschmalz
Außerdem: Puderzucker zum Bestäuben

TIPP

Die Verwendung von Butterschmalz in den Streuseln ist eine gute Alternative zu Butter: Der Buttergeschmack und das gute Aroma verbinden sich hier mit hervorragenden Backeigenschaften.

TIPP

Wie Sie Zitronat und Orangeat ganz einfach selbst herstellen, erfahren Sie auf Seite 20.

1 Butterschmalz, Zucker und Zitronenschale vermengen und schaumig schlagen. Eier, Salz, Sahne, Rum, Rum-Aroma, Mandeln, Zitronat und Orangeat unterrühren.

2 Das Mehl mit Speisestärke und Backpulver vermischen, sieben und nach und nach in die schaumige Masse einarbeiten.

3 Ein Backblech einfetten, den Teig auf bemehlter Fläche ausrollen, auflegen, einen Rand hochziehen. Den Teig mit der Orangenkonfitüre bestreichen.

4 Das Puddingpulver in etwas Milch glattrühren, die restliche Milch erhitzen, das angerührte Puddingpulver hineingeben und kurz aufkochen. Den Topf vom Herd nehmen, Zucker, Mandeln und Butter einrühren. Dann auskühlen lassen.

5 Den Schmant und das Eigelb verrühren und zur Puddingmasse geben. Alles auf die Konfitüre geben und glatt streichen. Die Mandarinenspalten auflegen und leicht andrücken.

6 Für die Streusel Mehl in eine Schüssel sieben, mit Zucker, gemahlenen Mandeln und Kakao vermischen. Das Rum-Aroma und das kalte Butterschmalz in Stückchen zufügen, Streusel formen und auf der Puddingmasse verteilen.

7 Im vorgeheizten Backofen bei 200 °C (Gas Stufe 3, Umluft 180 °C) etwa 30 Minuten backen. Herausnehmen und mit Puderzucker bestäuben.

Mohnkuchen

Hefeteig
(→ Seite 10 f.)

Für den Teig: 450 g Mehl • 30 g Hefe
100 g Zucker • 200 ml Milch • 1 Ei
1 Prise Salz • 50 g gemahlene Mandeln
1 TL abgeriebene Zitronenschale
80 g weiche Butter
Für den Belag: ¼ l Milch • 80 g Butter
100 g Zucker • 40 g Grieß • 1 Prise Salz
400 g gemahlener Mohn • 1 TL Zimt
1 Prise Nelkenpulver • 2 Eier
100 g Rosinen • 600 g Äpfel
Für die Streusel: 250 g Mehl
225 g Zucker • je 50 g gehackte und
gemahlene Mandeln
1 bis 2 Tropfen Bittermandel-Aroma
250 g kalte Butter
Außerdem: Puderzucker zum Bestäuben

TIPP

Beim Kauf von
Äpfeln sollten Sie
auf Faul- und
Druckstellen achten.
Ein Zeichen von
Reife ist – wie bei
fast allen Obst-
sorten – der Duft.

TIPP

Für den Zitronen-
schalenabrieb sollte
man ausschließlich
unbehandelte
Früchte verwenden.
Waschen Sie sie vor-
her am besten mit
einer Bürste unter
heißem Wasser
gründlich ab.

1 Das Mehl in eine Schüssel sieben, in die Mitte eine Vertiefung
drücken. Die Hefe zerbröckeln, mit
1 Teelöffel Zucker in etwas lauwarmer
Milch verrühren, in die Vertiefung gießen.

2 Etwas Mehl vom Rand einrühren
und einen breiartigen Vorteig
bereiten. Zugedeckt 20 Minuten an
einem warmen Platz gehen lassen.

3 Auf dem Mehlrand den restlichen
Zucker, das Ei, das Salz, die
Mandeln, Zitronenschale und die But-
ter in Flöckchen anordnen. Von der
Mitte her die Zutaten zu einem glatten
Teig verkneten, dabei die restliche
Milch zugeben. Nochmals 30 Minuten
gehen lassen.

4 Für den Belag die Milch in einen
Topf gießen, Butter, Zucker und
Salz zufügen, alles erhitzen. Grieß
zugeben und 10 Minuten quellen lassen. Vom Herd nehmen und den
Mohn einrühren, anschließend auskühlen lassen.

5 Zimt, Nelkenpulver, Eier und
Rosinen einrühren. Die Äpfel
vierteln, schälen und raspeln, dabei
das Kerngehäuse entfernen, zur
Mohnmasse geben.

6 Ein Backblech einfetten. Den Teig
auf bemehlter Fläche ausrollen,
auf das Backblech legen, einen Rand
hochziehen. Den Teig mit einer Gabel
mehrmals einstechen und mit der
Mohnmasse bestreichen.

7 Für die Streusel das Mehl in eine
Schüssel sieben und mit Zucker
und Mandeln vermischen. Das Bittermandel-Aroma und die kalte Butter in
Stückchen zugeben, Streusel formen
und auf der Mohnmasse verteilen.

8 Im vorgeheizten Backofen bei
200 °C (Gas Stufe 3, Umluft
180 °C) etwa 30 Minuten backen.
Den Kuchen herausnehmen, etwas
auskühlen lassen, mit Puderzucker
bestäuben.

Hagebuttenkuchen

Rührteig
(→ Seite 10)

Für den Teig: 400 g Mehl • 2 TL Backpulver • 225 g Zucker • 1 Päckchen
Vanillezucker • je 1 Prise Zimt und Nelkenpulver • 1 Ei • 2 Eigelb • 2 EL Milch
250 g kalte Butter • 200 g gemahlene
Haselnusskerne
Für den Belag: 300 g Butter
150 g Puderzucker • 2 Eigelb
2 EL Weinbrand • 300 g Kokosraspel
3 Eiweiß • 750 g Hagebuttenkonfitüre

TIPP

Eiweiß sollte man
immer erst kurz vor
dem Weiter-
verarbeiten steif
schlagen, da es sonst
schnell wieder
zusammenfällt.

1 Mehl und Backpulver vermischen und in eine Schüssel sieben. In die Mitte eine Vertiefung drücken.

2 Zucker, Vanillezucker, Zimt, Nel-ken, Ei, Eigelb und Milch hinein-geben. Etwas Mehl vom Rand zufü-gen, einen breiartigen Teig bereiten.

3 Die Butter in Stücke schneiden, mit den Nüssen auf dem Teig ver-teilen. Mit etwas Mehl bedecken.

TIPP

Wie Sie Kokosraspel
aus der frischen
Nuss selbst her-
stellen, erfahren Sie
auf Seite 62.

4 Von der Mitte her alle Zutaten zu einem glatten Teig verkneten. Dann 30 Minuten kalt stellen.

5 Ein Backblech einfetten, den Teig auf bemehlter Fläche ausrollen und auflegen. Einen Rand hochziehen und den Teig mit einer Gabel mehr-mals einstechen.

6 Für den Belag Butter und Puder-zucker verrühren, Eigelb, Wein-brand und Kokosraspeln unterrühren. Das Eiweiß steif schlagen und unter-ziehen.

7 Die Masse in Abständen von 2 Zentimetern in diagonalen Streifen auf den Teigboden spritzen, dann die Hagebuttenkonfitüre in die Zwischenräume spritzen.

8 Im vorgeheizten Backofen bei 180 °C (Gas Stufe 2, Umluft 160 °C) etwa 25 Minuten backen.

VARIANTE

Den Kuchen kann man zusätzlich mit einem Guss überziehen. Dafür 250 Gramm Sahne, 2 Eier und 3 Ess-löffel Zucker verrühren. Den Guss auf den Kuchen streichen und 6 Ess-löffel Rohrzucker aufstreuen. Den Kuchen wieder in den Backofen schieben und noch etwa 10 Minuten weiterbacken.

Der Kuchen schmeckt auch gut, wenn Sie statt der Hagebuttenkonfitüre Himbeer-, Aprikosen- oder Erdbeer-konfitüre oder selbst gemachtes Pflau-menmus (→ Seite 99) in die Zwischen-räume füllen. Und auch den Teig können Sie variieren: Bereiten Sie einen Hefeteig (→ Seite 10f.) aus 450 Gramm Mehl, 25 Gramm Hefe, 100 Gramm Zucker, 200 Milliliter lauwarmer Milch, 1 Ei und 1 Teelöffel abgeriebener Zitronenschale und belegen Sie den Teig wie oben be-schrieben.

Pflaumenmuskuchen

Mürbteig
(→ Seite 10)

Für den Teig: 375 g Mehl • 1 Päckchen Backpulver • 100 g Zucker • 1 Päckchen Vanillezucker • 3 EL Kakao • 1 Ei ⅛ l Milch • 150 g kalte Butter
Für den Belag: 200 g abgetropfter Quark • 200 g Schmant • 1 Ei • 3 EL Öl 80 g Zucker • 2 Päckchen Vanillezucker 1 EL Vanille-Puddingpulver 50 g gehackte Mandeln 50 g fein geschnittenes Zitronat
Außerdem: 800 g Pflaumenmus 2 EL Zwetschgenwasser • 300 g Schmant 30 g zerlassene Butter 1 EL Vanille-Puddingpulver • 1 Ei 1 Eigelb • 50 g Zucker

1 Mehl und Backpulver mischen und in eine Schüssel sieben. In die Mitte eine Vertiefung drücken.

2 Zucker, Vanillezucker, Kakao, Ei und die Milch hineingeben. Mit etwas Mehl vom Rand bedecken, einen breiartigen Teig bereiten.

3 Die Butter in Stückchen schneiden, obenauf legen, Mehl darüberstäuben. Von der Mitte her die Zutaten zu einem glatten Teig verkneten. Den Teig zu einer Kugel formen und 30 Minuten kalt stellen.

4 Für den Belag den Quark durch ein Sieb in eine Schüssel streichen. Schmant, Ei, Öl, Zucker, Vanillezucker, Vanille-Puddingpulver, Mandeln und Zitronat unterrühren.

5 Ein Backblech einfetten. Den Teig auf bemehlter Fläche ausrollen, auf das Backblech legen, einen Rand hochziehen. Den Teig mit einer Gabel mehrmals einstechen.

6 Den Belag aufstreichen. Pflaumenmus und Zwetschgenwasser verrühren, auf den Belag geben. Schmant, Butter, Vanille-Puddingpulver, Ei, Eigelb und Zucker verrühren und auf das Pflaumenmus streichen.

7 Im vorgeheizten Backofen bei 200 °C (Gas Stufe 3, Umluft 180 °C) etwa 40 Minuten backen.

VARIANTE

Versuchen Sie es doch einmal mit selbst gemachtem Pflaumenmus. Sie brauchen 3 Kilogramm Pflaumen, 1 Teelöffel Zimt, 2 gemahlene Nelken und Zucker nach Belieben. Die Pflaumen waschen, entsteinen und durch einen Fleischwolf drehen. Die Masse zusammen mit Zimt, Nelken und Zucker nach Geschmack in die Grillpfanne des Backofens geben. Das Mus im vorgeheizten Backofen bei 160 °C (Gas Stufe 1 bis 2, Umluft 140 °C) etwa 4 Stunden einkochen. Dabei die Tür einen Spaltbreit offen lassen, damit die Feuchtigkeit abziehen kann. Das Mus hin und wieder umrühren. Es ist fertig, wenn es sich mit dem Kochlöffel teilen lässt und nicht gleich wieder zusammenfließt. Das fertige Mus in saubere Gläser mit Schraubverschluss füllen und für einige Minuten bei gleicher Temperatur in den Backofen stellen, bis sich an der Oberfläche eine Kruste bildet. Die Gläser mit Einkochfolie zubinden.

TIPP

Anstelle von Schmant kann man auch saure Sahne mit einem Fettgehalt zwischen 10 und 28 Prozent verwenden.

TIPP

Beachten Sie, dass für den Mürbteig alle Zutaten kalt sein sollten, deshalb Milch, Butter und Eier erst kurz vorher aus dem Kühlschrank nehmen.

Blechkuchen: Herzhaft, deftig und pikant

Tomatenkuchen

Mürbteig
(→ Seite 10)

(→ Seite 10)

Für den Teig: 375 g Mehl
200 g kalte Butter • 1 Ei • 2 EL Milch
1 Prise Salz • 1 Prise Zucker
Für den Belag: 400 g Schalotten
800 g Fleischtomaten • 4 EL Öl • Salz
grob gemahlener schwarzer Pfeffer
300 g Ziegenkäse
Außerdem: ½ Bund Basilikum

1 Das Mehl in eine Schüssel sieben, in die Mitte eine Vertiefung drücken. Die Butter zerkleinern, mit dem Ei, der Milch, Salz und Zucker in die Vertiefung geben.

2 Etwas Mehl vom Rand darüberstäuben. Die Zutaten von der Mitte her zu einem glatten Teig verkneten. Eine Kugel formen, den Teig 30 Minuten kalt stellen.

3 Die Schalotten pellen und der Länge nach halbieren. Die Toma-ten waschen, die Stielansätze herausschneiden. Die Tomaten der Länge nach halbieren.

4 In einer Pfanne das Öl erhitzen, die Schalotten mit der Schnittfläche nach unten hineingeben und bräunen.

5 Ein Backblech einfetten. Den Teig auf bemehlter Fläche ausrollen, auf das Backblech legen, einen Rand hochziehen. Den Teig mit einer Gabel mehrmals einstechen.

6 Schalotten und Tomaten im Wechsel auflegen, mit Salz und Pfeffer würzen. Den Käse in dünne Scheiben schneiden und daraufgeben.

7 Im vorgeheizten Backofen bei 180 °C (Gas Stufe 2, Umluft 160 °C) etwa 40 Minuten backen. Herausnehmen, auskühlen lassen. Basilikumblättchen aufstreuen.

TIPP

Wer einen empfindlichen Magen hat, sollte Tomaten häuten. Dafür die Tomaten obenauf kreuzweise einritzen und mit kochendem Wasser übergießen, sofort mit kaltem Wasser abschrecken. Danach lässt sich die Haut mühelos abziehen.

Speckkuchen mit Porree

Hefeteig
(→ Seite 10 f.)

Für den Teig: 250 g durchwachsener
Speck • 250 g Porree • 2 El Öl • 500 g
Mehl • 30 g Hefe • 1 TL Zucker
200 ml Milch • 125 g weiche Butter • 2 Eier
1 TL Salz • frisch gemahlener weißer
Pfeffer • 4 EL gehackte Petersilie
Für die Decke: 400 g Schmant • 2 Eier
1 EL Mehl • Salz • 4 EL Reibekäse

1 Den Speck in Würfel schneiden.
Porree putzen, waschen, das
Weiße und Hellgrüne in feine Streifen
schneiden. Öl erhitzen, Speck und
Porree zufügen und 5 Minuten düns-
ten. Auskühlen lassen.

2 Das Mehl in eine Schüssel sieben, in die Mitte eine Vertiefung
drücken. Die Hefe zerbröckeln, mit
dem Zucker in etwas lauwarmer Milch
verrühren, in die Vertiefung geben.

3 Etwas Mehl vom Rand einrühren,
einen breiartigen Vorteig bereiten.
Zugedeckt an einen warmen Platz
stellen, 20 Minuten gehen lassen.

4 Auf dem Mehlrand die Butter in
Flöckchen, Eier, Salz, Pfeffer,
Petersilie und die Speckmischung verteilen. Von der Mitte her die Zutaten zu
einem glatten Teig verkneten, dabei
die restliche Milch zufügen. Zugedeckt
nochmals 30 Minuten gehen lassen.

5 Ein Backblech einfetten. Den Teig
auf bemehlter Fläche ausrollen,
auf das Backblech legen, den Teig mit
einer Gabel mehrmals einstechen.

6 Schmant, Eier, Mehl und Salz
verrühren, auf den Teig streichen.
Im vorgeheizten Backofen bei 200 °C
Gas Stufe 3, Umluft 180 °C) etwa
30 Minuten backen. Käse aufstreuen
und noch weitere 5 Minuten backen.

TIPP

Unter Schmant ver-
steht man löffelfes-
ten Sauerrahm mit
mindestens 20 Pro-
zent Fett. Anstelle
von Schmant kann
man auch saure
Sahne mit einem
Fettgehalt zwischen
10 und 28 Prozent
verwenden.

Harzer Bärlauchkuchen

Mürbteig
(→ Seite 10)

(→ Seite 10)

Mürbteig
(→ Seite 10)

Für den Teig: 300 g Mehl • 2 TL Backpulver • ½ TL Salz • 1 Ei • 1 Eigelb
1 EL Milch • 150 g kalte Butter
Für den Belag: 150 g Schinkenspeck
200 g frische Bärlauchblätter • 60 g Butter
4 Eier • ⅛ l saure Sahne
125 g Reibekäse • Salz • frisch gemahlener schwarzer Pfeffer • 1 TL Kümmel
200 g Salami

TIPP

Außerhalb der Saison im Frühjahr können Sie Bärlauch jederzeit durch frischen Schnittlauch und etwas Knoblauch ersetzen.

TIPP

Bärlauchquark schmeckt nicht nur zu diesem herzhaften Kuchen: 250 Gramm Sahnequark mit 4 Esslöffeln Sahne, etwas Salz und fein gehacktem Bärlauch verrühren.

1 Mehl und Backpulver vermischen, in eine Schüssel sieben, in die Mitte eine Vertiefung drücken. Salz, Ei, Eigelb und Milch in die Vertiefung geben.

2 Etwas Mehl vom Rand einrühren und einen breiartigen Teig bereiten. Die Butter in Stücke schneiden und auflegen. Etwas Mehl darüberstreuen.

3 Die Zutaten zu einem glatten Teig verkneten. Eine Kugel formen, 30 Minuten kalt stellen.

4 Den Speck in kleine Würfel schneiden und anbraten. Bärlauchblätter waschen, trocken tupfen, klein schneiden und mit der Butter zu den Speckwürfeln geben. 5 Minuten dünsten, vom Herd nehmen, auskühlen lassen.

5 Die Eier verquirlen, den gedünsteten Bärlauch mit den Speckwürfeln, saurer Sahne, Käse und Gewürzen zugeben. Salami feinstreifig schneiden und ebenfalls zufügen. Alles verrühren.

6 Ein Backblech einfetten. Den Teig auf bemehlter Fläche ausrollen, auf das Backblech legen, einen Rand hochziehen.

7 Den Teig mit einer Gabel mehrmals einstechen. Den Belag auf den Teig geben und glatt streichen.

8 Im vorgeheizten Backofen bei 180 °C (Gas Stufe 2, Umluft 160 °C) etwa 35 Minuten backen. Herausnehmen, heiß servieren.

Hackfleischkuchen

Hefeteig
(→ Seite 10 f.)

Für den Teig: 400 g Mehl • 25 g Hefe
1 Prise Zucker • 150 ml Milch • 2 Eier
½ TL Salz • 60 g weiche Butter
2 EL gehackte Schalotten
Für den Belag: 50 g Butterschmalz
500 g gemischtes Hackfleisch • Salz
frisch gemahlener Pfeffer • 2 TL Majoran
500 g Zwiebeln • 500 g Tomaten • 2 EL Öl
200 g Reibekäse
Außerdem: 100 g gehackter Bärlauch

1 Mehl in eine Schüssel sieben, in die Mitte eine Vertiefung drücken. Hefe mit Zucker in der lauwarmen Milch auflösen und in die Vertiefung gießen. Etwas Mehl vom Rand darüberstreuen, einen breiartigen Teig bereiten. 20 Minuten gehen lassen.

2 Eier, Salz, Butter und Schalotten auf dem Mehlrand anordnen, von der Mitte her alles zu einem glatten Teig kneten. Nochmals 30 Minuten gehen lassen.

3 Für den Belag das Butterschmalz erhitzen, Hackfleisch darin 5 Minuten anbraten, mit Salz, Pfeffer und Majoran würzen. Zwiebeln schälen, in feine Scheiben schneiden. Tomaten überbrühen, Haut abziehen, Stielansatz entfernen und in Scheiben schneiden.

4 Ein Backblech einfetten, den Teig auf bemehlter Fläche ausrollen, auflegen, einen Rand hochziehen. Mit einer Gabel mehrmals einstechen, mit Öl einpinseln und mit der Fleischmasse bestreichen.

5 Zwiebel- und Tomatenscheiben darauf verteilen, mit Käse bestreuen und im vorgeheizten Backofen bei 200 °C (Gas Stufe 3, Umluft 180 °C) etwa 35 Minuten backen. Zum Schluss mit Bärlauch bestreuen.

TIPP

Beim Zwiebelschneiden fließen keine Tränen, wenn man sie bei geöffnetem Fenster schält, dabei an der Flachseite beginnt, die geschälte Zwiebel kurz in Wasser taucht, halbiert, und die Schnittfläche auf ein Brett legt.

Käsekuchen

Mürbteig
(→ Seite 10)

Für den Teig: 300 g Mehl • 2 TL Backpulver • ½ TL Salz • 1 Ei • 1 EL Milch
75 g kalte Butter • 75 g Schweineschmalz
Für den Belag: 300 g Reibekäse • 2 Eier
150 g Schmant • 1 EL Mehl
1 TL zerstoßener Kümmel • 1 Schalotte
Salz • 200 g gekochter Schinken

TIPP

Bevor Sie die Küm-
melkörner zersto-
ßen, rösten Sie sie
am besten in einer
Pfanne ohne Fett
kurz an. Der Küm-
mel wird aromati-
scher und lässt sich
leichter zerkleinern.

1 Das Mehl mit dem Backpulver
vermischen, in eine Schüssel sieben, in die Mitte eine Vertiefung drücken. Salz, Ei und Milch hineingeben.

2 Etwas Mehl vom Rand zufügen,
einen breiartigen Teig bereiten.
Butter und Schmalz in Stückchen auflegen, Mehl darüberstreuen. Die Zutaten zu einem glatten Teig verkneten.

Eine Kugel formen, 1 Stunde kalt stellen.

3 Ein Backblech einfetten. Den Teig
auf bemehlter Fläche ausrollen,
auf das Backblech legen, mit einer
Gabel mehrmals einstechen.

4 Reibekäse, Eier, Schmant, Mehl
und Kümmel verrühren. Die
Schalotte pellen, fein hacken, mit dem
Salz unter die Käsemasse rühren.

5 Den Schinken klein schneiden,
auf den Teig geben und mit der
Käsemasse bedecken.

6 Im vorgeheizten Backofen bei
180 °C (Gas Stufe 2, Umluft
160 °C) etwa 30 Minuten backen. Heiß
servieren.

Schalottenrollen

Quark-Öl-Teig
(→ Seite 11)

Für den Teig: 150 g Quark • 5 EL Milch
1 Ei • 6 EL Öl • 1 Prise Salz • 300 g Mehl
2 TL Backpulver • 30 g Röstzwiebeln
Für die Füllung: 300 g Schalotten
200 g roher Schinken
Außerdem: 1 Ei • Salz • Kümmel

TIPP

Den Quark vor dem
Verarbeiten gut
abtropfen lassen,
damit der Teig nicht
zu weich wird.

1 Quark mit Milch, Ei, Öl und Salz
verrühren. Mehl und Backpulver
einarbeiten, Röstzwiebeln untermischen. Den Teig ausrollen, mit einem
Teigrädchen Quadrate von 10 mal 10
Zentimeter ausrädeln.

2 Schalotten schälen, fein hacken.
Schinken würfeln. Beides auflegen, Quadrate aufrollen. Ränder
andrücken. Backblech einfetten, Röllchen auflegen, mit Ei bestreichen, Salz
und Kümmel aufstreuen. Bei 200 °C
(Gas Stufe 3, Umluft 180 °C) etwa
20 Minuten backen.

Käse-Zwiebel-Kuchen

Hefeteig
(→ Seite 10 f.)

Für den Teig: 450 g Mehl • 30 g Hefe
¼ l lauwarmes Wasser • ½ TL Salz
3 EL Öl • 2 EL gehackte Petersilie
Für den Belag: 1 kg Zwiebeln • 3 EL Öl
250 g Reibekäse • 400 g durchwachsener
Speck • 200 ml Schlagsahne • 2 Eigelb
3 EL gehackte Petersilie • Salz • Pfeffer

1 Das Mehl in eine Schüssel sieben, in die Mitte eine Vertiefung drücken. Die Hefe mit etwas lauwarmem Wasser verrühren und in die Vertiefung gießen. Einen breiartigen Teig bereiten und 20 Minuten gehen lassen.

2 Auf dem Mehlrand Salz, Öl und Petersilie anordnen, von der Mitte her alles zu einem glatten Teig verkneten, dabei das restliche Wasser zugeben. 30 Minuten gehen lassen.

3 Die Zwiebeln schälen, in feine Scheiben schneiden und in dem Öl 5 Minuten glasig dünsten. Auskühlen lassen, dann den Reibekäse untermischen.

4 Das Speck in kleine Würfel schneiden, kross anbraten und zu den Zwiebeln geben. Sahne, Eigelb und Petersilie verrühren, mit Salz und Pfeffer würzen.

5 Ein Backblech einfetten, den Teig auf bemehlter Fläche ausrollen, auflegen und einen Rand hochziehen. Mit einer Gabel mehrmals einstechen, dann die Zwiebelmasse darauf verteilen.

6 Die Eiersahne darübergießen und im vorgeheizten Backofen bei 200 °C (Gas Stufe 3, Umluft 180 °C) etwa 35 Minuten backen.

TIPP

Beim Einkauf von Zwiebeln sollte man darauf achten, dass die Knollen prall, trocken und äußerlich unbeschädigt sind. Sie dürfen sich nicht weich anfühlen und keine grünen Spitzen haben.

Sauerkrautkuchen

→ Foto

Hefeteig
(→ Seite 10 f.)

Für den Teig: 1 kg Mehl • 60 g Hefe
½ l Milch • 150 g Butter • 2 Eier
1 TL Salz
Für die Füllung: 4 Zwiebeln
1 kg Sauerkraut • 300 g Schinkenspeck
30 g Butterschmalz
Außerdem: 1 Eigelb • 2 EL Milch

1 Das Mehl in eine Schüssel sieben, in die Mitte eine Vertiefung drücken. Die Hefe in etwas lauwarmer Milch verrühren und in die Vertiefung gießen. Mit etwas Mehl vom Rand bestäuben und 30 Minuten gehen lassen.

2 Von der Mitte her einen Teig bereiten, dabei die restliche Milch, Butter, Eier und Salz zugeben. Nochmals 30 Minuten gehen lassen.

3 Die Zwiebeln pellen, in Würfel schneiden, das Kraut fein hacken. Speck würfeln. Butterschmalz erhitzen, die Zwiebeln glasig dünsten, das Kraut zugeben und alles 10 Minuten schmoren lassen.

4 Ein Backblech einfetten, die Hälfte des Teiges ausrollen, auflegen, einen Rand hochziehen. Die Krautmischung darauf verteilen. Dann die andere Teighälfte ausrollen, darauflegen und die Ränder andrücken. Eigelb und Milch verrühren, Teig bestreichen. Im vorgeheizten Backofen bei 200 °C (Gas Stufe 3, Umluft 180 °C) 45 Minuten backen.

TIPP

Das Sauerkraut muss vor dem Weiterverarbeiten gut abgetropft sein, da sonst der Teig zu sehr aufweicht.

Gothaer Latschen

Hefeteig
(→ Seite 10 f.)

Für den Teig: 500 g Mehl • 30 g Hefe
1 EL Zucker • ¼ l Milch • 2 Eier
100 g weiche Butter • 2 EL gehackte
Kräuter (Petersilie, Schnittlauch)
1 TL Salz
Außerdem: 400 g Schafskäse
3 EL Schmant • 4 Knoblauchzehen

1 Das Mehl in eine Schüssel sieben, in die Mitte eine Vertiefung drücken. Die Hefe mit dem Zucker in etwas lauwarmer Milch verrühren, in die Vertiefung gießen. Etwas Mehl vom Rand einrühren und einen breiartigen Vorteig bereiten. An einem warmen Platz 20 Minuten gehen lassen.

2 Die Eier, die Butter in Flöckchen, Kräuter und Salz unterkneten, dabei die restliche Milch zufügen. 30 Minuten gehen lassen.

3 Ein Backblech einfetten. Schafskäse mit dem Schmant vermischen. Knoblauch pellen, zerkleinern, untermischen. Aus dem Teig Fladen formen, einen Rand kniffen. Käsemischung daraufgeben. Im vorgeheizten Backofen bei 200 °C (Gas Stufe 3, Umluft 180 °C) etwa 20 Minuten backen.

TIPP

Verwenden Sie für die Kräuter frische Petersilie und Schnittlauch, oder versuchen Sie es zur Erntezeit im Frühjahr einmal mit gehacktem Bärlauch.

Kartoffelkuchen

Hefeteig
(→ Seite 10 f.)

Für den Teig: 350 g Mehl • 35 g Hefe
1 Prise Zucker • 200 ml Milch • 2 Eier
½ TL Salz • 100 g weiche Butter
200 g gekochte mehlige Kartoffeln
Für den Belag: 600 g Zwiebeln
500 g Quark • 2 Eier • 4 EL Sahne • Salz
Pfeffer • 3 EL Rosmarin • 100 g Reibekäse

1 Das Mehl in eine Schüssel sieben, in die Mitte eine Vertiefung drücken.

2 Die Hefe mit dem Zucker in etwas lauwarmer Milch verrühren und in die Vertiefung gießen.

3 Etwas Mehl vom Rand darüberstäuben und einen breiartigen Teig bereiten. Zugedeckt an einem warmen Ort 20 Minuten gehen lassen.

4 Auf dem Mehlrand Eier, Salz und die Butter in Flöckchen anordnen, die Kartoffeln durch die Kartoffelpresse drücken und ebenfalls dazugeben.

5 Von der Mitte her alles zu einem glatten Teig verkneten, dabei die

restliche Milch zugeben. Nochmals 30 Minuten gehen lassen.

6 Die Zwiebeln schälen und fein hacken. Quark mit Eiern, Sahne, Salz, Pfeffer, Rosmarin, Reibekäse und Zwiebeln verrühren.

7 Ein Backblech einfetten, den Teig auf bemehlter Fläche ausrollen, auflegen und einen Rand hochziehen. Mit einer Gabel mehrmals einstechen.

8 Die Quarkmasse darauf verteilen und glatt streichen, 10 Minuten gehen lassen.

9 Im vorgeheizten Backofen bei 180°C (Gas Stufe 2, Umluft 160°C) etwa 35 Minuten backen. Noch warm servieren.

SERVIER-VORSCHLAG

Sehr gut schmecken dazu ein frischer, grüner Salat und ein lockerer Camembertquark. Entfernen Sie dazu von einem reifen Camembert von 250 Gramm die Rinde. Verrühren Sie das weiche Innere mit 250 Gramm Sahnequark und 50 Gramm weicher Butter. Mit Salz, Pfeffer und einer kräftigen Prise Paprikapulver würzen. 2 hart gekochte Eier fein hacken, 4 Frühlingszwiebeln putzen und in feine Stücke schneiden. Alles locker unter die Quarkmasse heben. Zum Schluss 50 Gramm Sonnenblumenkerne in einer trockenen Pfanne rösten und über den Camembertquark geben.

TIPP

Hefeteig liebt Zutaten mit gleicher Zimmertemperatur. Nehmen Sie also Eier, Butter, Milch usw. rechtzeitig aus dem Kühlschrank.

TIPP

Verwenden Sie bitte immer mehlige Kartoffeln, mit festkochenden bekommt der Teig zu wenig Haftung.

Harzer Flottkuchen

Hefeteig
(→ Seite 10 f.)

Für den Teig: 500 g Mehl
1 Würfel Hefe (42 g) • 1 Prise Zucker
¼ l Milch • 2 Zwiebeln
150 g durchwachsener Speck • 1 TL Salz
100 g Butter • 1 Ei
Außerdem:
200 g gegarter Kasslerbraten
300 ml dicke saure Sahne (Flott)
1 Bund gehackte Petersilie

1 Das Mehl in eine Schüssel sieben, in die Mitte eine Vertiefung drücken. Die Hefe zerbröckeln, mit dem Zucker in etwas lauwarmer Milch verrühren, in die Vertiefung gießen.

2 Etwas Mehl vom Rand einrühren und einen breiartigen Vorteig bereiten. Zugedeckt an einen warmen Ort stellen und 20 Minuten gehen lassen.

3 Die Zwiebeln pellen und klein schneiden. Den Speck in kleine Würfel schneiden. Den Speck in eine Pfanne geben und auslassen, die Zwiebeln zufügen und goldgelb braten. Vom Herd nehmen, auskühlen lassen.

4 Auf dem Mehlrand das Salz, die Butter in Flöckchen, das Ei und die Speck-Zwiebel-Mischung anordnen. Von der Mitte her die Zutaten zu einem glatten Teig verkneten, dabei die restliche Milch zufügen.

5 Ein Backblech einfetten. Den Teig auf bemehlter Fläche ausrollen, auf das Backblech legen, einen Rand hochziehen. Den Teig mit einer Gabel mehrmals einstechen.

6 Kasslerbraten in kleine Würfel schneiden, auf den Teig geben. Die Sahne darübergießen.

7 Sofort im vorgeheizten Backofen bei 200 °C (Gas Stufe 3, Umluft 180 °C) etwa 30 Minuten backen. Herausnehmen, mit Petersilie bestreuen, warm servieren.

SERVIER-VORSCHLAG

Zu dem deftigen Kuchen als Hauptmahlzeit passt sehr gut eine Quarkbeilage. Lecker ist zum Beispiel Zwiebelquark: Dazu einfach 250 Gramm Sahnequark mit 4 Esslöffeln Milch, 1 Teelöffel gehacktem Kümmel, 1 Esslöffel gehackter Petersilie und 2 Esslöffeln geriebener Zwiebel verrühren.

Sehr lecker ist dazu auch Harzer Tartar: Zerkleinern Sie 500 Gramm Harzer Käse und vermischen Sie ihn mit 3 Esslöffel gehackten Schalotten, 125 Gramm weicher Butter, 4 Eigelb, 150 Gramm Schmant, 2 klein geschnittenen Tomaten und 4 Esslöffel gehackten Kräutern (Schnittlauchröllchen, Petersilie oder gehackte Bärlauchblätter).

TIPP

Anstelle der Petersilie kann man zur Erntezeit im Frühjahr auch gehackten Bärlauch verwenden.

TIPP

Zwiebeln wollen trocken und dunkel bei einer Temperatur von 6 bis 10 °C gelagert werden, bei Feuchtigkeit beginnen sie zu keimen. Plastikbeutel eignen sich nicht zum Aufbewahren, die Knollen würden darin schimmeln.

Sächsischer Speckkuchen

Hefeteig
(→ Seite 10 f.)

Für den Teig: 500 g Mehl • 30 g Hefe
1 TL Zucker • ¼ l Milch • ½ TL Salz
60 g weiche Butter • 1 Ei
Für den Belag: 500 g durchwachsener
Speck • 500 g Zwiebeln • 1 EL Kümmel
400 g Schmant • 4 Eier • 1 EL Mehl • Salz

1 Das Mehl in eine Schüssel sieben, in die Mitte eine Vertiefung drücken. Die Hefe zerbröckeln, mit dem Zucker in etwas lauwarmer Milch verrühren, in die Vertiefung geben. Etwas Mehl vom Rand einrühren und einen breiartigen Vorteig bereiten. Zugedeckt an einem warmen Ort 20 Minuten gehen lassen.

2 Auf dem Mehlrand das Salz, die Butter in Flöckchen und das Ei anordnen. Von der Mitte her die Zutaten zu einem glatten Teig verkneten,

dabei die restliche Milch zufügen. Nochmals zugedeckt 30 Minuten gehen lassen.

3 Den Speck in kleine Würfel schneiden und in einer Pfanne auslassen. Die Zwiebeln pellen, in feine Ringe schneiden, zum Speck geben, kurz mitbraten. Vom Herd nehmen, Kümmel untermischen.

4 Ein Backblech einfetten. Den Teig auf bemehlter Fläche ausrollen, auf das Backblech legen, einen Rand hochziehen. Den Teig mit einer Gabel mehrmals einstechen.

5 Die Speckmischung auf dem Teig verteilen. Schmant, Eier und Mehl verrühren, salzen, die Masse auf die Speckmischung streichen. Im vorgeheizten Backofen bei 200 °C (Gas Stufe 3, Umluft 180 °C) etwa 35 Minuten backen.

TIPP

Bitte beachten Sie bei Hefeteig immer, dass er keine Zugluft verträgt und daher während der Gehzeit abgedeckt werden muss!

Thüringer Peterleskuchen

Hefeteig
(→ Seite 10 f.)

Für den Teig: 500 g Mehl • 30 g Hefe
1 Prise Zucker • ¼ l Milch • 1 Ei
100 g weiche Butter • ½ TL Salz
Für den Belag: 3 Bund Blattpetersilie
150 g Schinkenspeck • 250 g Knackwurst
400 ml dicke saure Sahne • 2 Eier • Salz
frisch gemahlener weißer Pfeffer

1 Das Mehl in eine Schüssel sieben, in die Mitte eine Vertiefung drücken.

2 Die Hefe zerbröckeln, mit dem Zucker in etwas lauwarmer Milch verrühren, in die Vertiefung gießen.

3 Etwas Mehl vom Rand einrühren und einen breiartigen Vorteig bereiten. Zugedeckt an einen warmen Platz stellen und 20 Minuten gehen lassen.

4 Auf dem Mehlrand das Ei, die Butter in Flöckchen und das Salz anordnen.

5 Von der Mitte her die Zutaten zu einem glatten Teig verkneten, dabei die restliche Milch zufügen.

6 Nochmals zugedeckt an einen warmen Platz stellen und 30 Minuten gehen lassen.

7 Ein Backblech einfetten. Den Teig auf bemehlter Fläche ausrollen, auf das Backblech legen, einen Rand hochziehen, den Teig mit einer Gabel mehrmals einstechen.

8 Petersilie waschen, abtropfen lassen, klein schneiden. Den Schinkenspeck in kleine Würfel schneiden und auslassen. Knackwurst ebenfalls klein schneiden.

9 Saure Sahne und Eier verrühren, mit Salz und Pfeffer würzen, Petersilie untermengen, die Masse auf den Teig geben, glatt streichen. Wurststücke und Schinkenwürfel aufstreuen.

10 Im vorgeheizten Backofen bei 200 °C (Gas Stufe 3, Umluft 180 °C) etwa 35 Minuten backen.

TIPP

Saure Sahne ist frische, mit Milchsäure versetzte Sahne. Ihr Fettgehalt beträgt zwischen 10 und 28 Prozent. Sie kann auch durch Schmant ersetzt werden.

TIPP

Das gewisse Etwas bekommen deftige Blechkuchen, wenn sie mit frisch gepflückten Schnittlauchblüten dekoriert werden. Die Blüten schmecken etwas sanfter als Zwiebeln.

Gemüsekuchen

Hefeteig
(→ *Seite 10 f.*)

Für den Teig: 400 g Mehl • 20 g Hefe
2 EL Olivenöl • 1 Prise Salz
Für den Belag: 1 mittelgroße Aubergine
Salz • 5 EL Olivenöl • 6 Tomaten • Pfeffer
250 g Mozzarella • 300 g gekochter
Schinken • 3 EL Tomatenmark
1 TL Oregano • ½ TL Majoran
2 EL Basilikum

1 Das Mehl in eine Schüssel sieben, in die Mitte eine Vertiefung drücken. Die Hefe in 150 Milliliter lauwarmem Wasser verrühren, in die Vertiefung gießen, mit Mehl vermischen. An einem warmen Ort 20 Minuten gehen lassen.

2 Olivenöl und Salz zum Teig geben und kräftig durchkneten, etwas Mehl darüberstäuben. Nochmals 30 Minuten gehen lassen.

3 Die Auberginen in Scheiben schneiden und salzen, 10 Minuten ziehen lassen, dann trocken tupfen. Das Olivenöl erhitzen und die Auberginenscheiben darin anbräunen.

4 Die Tomaten überbrühen, häuten und in Scheiben schneiden. Mit den Auberginen vermischen und mit Salz und Pfeffer würzen. Mozzarella in Scheiben und den Schinken in Würfel schneiden.

5 Ein Backblech einfetten, den Teig auf bemehlter Fläche ausrollen, auflegen und einen Rand hochziehen. Mit Tomatenmark bestreichen, Auberginen-Tomaten-Mischung, Mozzarella und Schinken darauf verteilen.

6 Mit Kräutern bestreuen und im vorgeheizten Backofen bei 200 °C (Gas Stufe 3, Umluft 180 °C) etwa 20 Minuten backen.

TIPP

Das beste Aroma hat Pfeffer frisch gemahlen, verwenden Sie deshalb immer ganze Körner und mahlen Sie sie in der Pfeffermühle. Für dieses Rezept eignet sich weißer Pfeffer sehr gut.

Zwiebelstrudel

Strudelteig
(→ Tipp)

Für den Teig: 300 g Mehl • ½ TL Salz
1 Prise Zucker • 1 Ei • 3 EL Öl
⅛ l lauwarmes Wasser
Für die Füllung: 2 kg Zwiebeln
80 g Butterschmalz • Salz
frisch gemahlener weißer Pfeffer
1 EL zerstoßener Kümmel
50g zerlassene Butter
Außerdem:
1 Eigelb zum Bestreichen • 1 TL Öl
300 g Zwiebeln • 50 g Butterschmalz

TIPP

Beim Strudelteig ist das Ausziehen die Kunst. Mit beiden Händen unter den Teig greifen, von der Mitte her nach außen über beide Handrücken ziehen und vorsichtig zum hauchzarten Rechteck dehnen.

1 Das Mehl in eine Schüssel sieben, in die Mitte eine Vertiefung drücken. Salz, Zucker, Ei und 2 Esslöffel Öl in die Vertiefung geben, von der Mitte her alles zu einem glatten Teig verkneten, dabei nach und nach das lauwarme Wasser zugeben. So lange kneten, bis der Teig Blasen wirft und sich von der Schüssel löst.

2 Den Teig zu einer Kugel formen, auf eine leicht bemehlte Fläche legen und dünn mit dem restlichen Öl bepinseln. Bei Zimmertemperatur 30 Minuten ruhen lassen.

3 Die Zwiebeln schälen, in feine Scheiben schneiden und im Butterschmalz 5 Minuten dünsten. Mit

TIPP

Zwiebeln lieben einen kühlen, trockenen Ort und wollen locker, am besten in einem Körbchen, gelagert werden.

Salz, Pfeffer und Kümmel würzen, auskühlen lassen.

4 Den Teig auf bemehlter Fläche dünn ausrollen. Ein Tuch mit Mehl bestreuen, den Teig vorsichtig darauflegen und über den Handrücken langsam von der Mitte zum Rand hauchdünn ausziehen.

5 Den Teig mit zerlassener Butter bestreichen, die Zwiebelmasse darauf verteilen. Alles von der Schmalseite her mithilfe des Geschirrtuchs vorsichtig aufrollen.

6 Ein Backblech einfetten, den Strudel mit der Nahtstelle nach unten auflegen, Eigelb mit Öl verrühren und den Strudel bepinseln. Im vorgeheizten Backofen bei 200 °C (Gas Stufe 3, Umluft 180 °C) etwa 40 Minuten backen.

7 Die Zwiebeln für die Garnitur schälen, in dünne Ringe schneiden, im Butterschmalz goldgelb braten und über dem Strudel verteilen.

VARIANTE

Sie können die Zwiebelringe für die Garnitur auch einfach mit etwas Mehl in der Pfanne frittieren, dann werden sie noch knuspriger. Dazu 2 bis 3 große Zwiebeln (etwa 500 Gramm) schälen, in 3 Millimeter dicke Scheiben schneiden und in Ringe zerlegen. Die Ringe in Mehl wälzen. In einer tiefen Pfanne Butterschmalz erhitzen, die Ringe darin goldgelb backen. Herausnehmen und salzen.

Scharfe Schweinsohren

Mürbteig
(→ Seite 10)

Für den Teig: 250 g Mehl • 2 TL Backpulver • 250 g abgetropfter Quark
225 g kalte Butter • ½ TL Salz
Für die Füllung: 2 rote Chilischoten
1 Bund Thymian • 250 g Schafskäse
4 EL Öl

1 Mehl und Backpulver vermischen und in eine Schüssel sieben. In die Mitte eine Vertiefung drücken.

1 Mehl und Backpulver vermischen und in eine Schüssel sieben. In die Mitte eine Vertiefung drücken.

2 Den gut abgetropften Quark durch ein Sieb in eine Schüssel streichen, in die Vertiefung geben. Die Butter in Stückchen zufügen, das Salz aufstreuen.

3 Etwas Mehl vom Rand darüber-geben. Die Zutaten von der Mitte her zu einem glatten Teig verkneten.

4 Den Teig ½ Zentimeter dick aus-rollen, mehrmals übereinander-schlagen, wieder ausrollen. Diesen Vorgang noch zweimal wiederholen. Den Teig 1 Stunde kalt stellen.

5 Die Chilischoten in kleine Würfel schneiden, den Thymian fein hacken und den Schafskäse zer-krümeln.

6 Ein Backblech mit Backpapier belegen. Den Teig auf bemehlter Fläche zu einem Rechteck ausrollen. Chili, Thymian und Käse aufstreuen.

7 Den Teig von den Schmalseiten zur Mitte hin aufrollen, danach quer in 1 Zentimeter breite Scheiben schneiden. Die Teigscheiben auf das Backblech legen und mit Öl bestrei-chen.

8 Im vorgeheizten Backofen bei 200 °C (Gas Stufe 3, Umluft 180 °C) etwa 15 Minuten backen. Heiß servieren.

TIPP

Chilischoten sind ganz unterschiedlich scharf. Da man den roten Schoten äußerlich nicht ansehen kann, wie scharf sie wirklich sind, probieren Sie vorab ein winziges Stück, damit Sie notfalls eine klei-nere Menge verwen-den können.

TIPP

Als Ersatz für die frischen Schoten eignet sich sehr gut Chilipulver, das Sie fertig gemahlen im Handel bekommen. Es lässt sich leichter dosieren und ist mil-der im Geschmack.

SERVIER-VORSCHLAG

Servieren Sie zu den scharfen Schweinsohren einen leckeren Zwiebelquark. Dazu mischen Sie 500 Gramm abgetropften Quark, 2 Esslöffel Schalotten, 2 Esslöffel gehackte Kräuter (Schnittlauch, Petersilie, Bärlauch) mit ½ Teelöffel Paprikapulver und schmecken das Ganze mit Salz und Pfeffer ab. Der Quark mildert auch ein wenig die Schärfe der Chilischoten.

Kümmelhörnchen

Hefeteig
(→ Seite 10 f.)

Für den Teig: 500 g Mehl • 30 g Hefe
1 TL Zucker • ¼ l lauwarme Milch
1 TL Salz • 2 TL Kümmel • 80 g Butter • 1 Ei
Außerdem: 2 Eigelb • Kümmel und
Reibekäse zum Bestreuen

1 Das Mehl in eine Schüssel sieben. Die Hefe mit dem Zucker in etwas lauwarmer Milch verrühren, in die Vertiefung gießen.

2 Etwas Mehl vom Rand einrühren, einen breiartigen Vorteig bereiten. Zugedeckt an einen warmen Ort stellen und 20 Minuten gehen lassen.

3 Auf dem Mehlrand Salz, Kümmel, Butter in Flöckchen und das Ei anordnen. Von der Mitte her die Zutaten zu einem glatten Teig verkneten, dabei die restliche Milch zugeben. Nochmals zugedeckt 30 Minuten gehen lassen.

4 Den Teig auf bemehlter Fläche durchkneten, ausrollen und in 10 Zentimeter große Quadrate schneiden. Zu Hörnchen rollen und auf ein gefettetes Backblech legen.

5 Die Hörnchen leicht mit Mehl bestäuben und nochmals 15 Minuten gehen lassen. Dann mit Eigelb bestreichen, mit Kümmel und Reibekäse bestreuen.

6 Im vorgeheizten Backofen bei 220 °C (Gas Stufe 4, Umluft 200 °C) etwa 15 Minuten backen.

TIPP

Wenn Sie Eiweiß oder Eigelb einfrieren wollen, pinseln Sie einen Eiswürfelbehälter mit etwas Speiseöl ein und frieren Sie so die einzelnen Portionen ein.

Gefüllte Zwiebelküchlein

Hefeteig
(→ Seite 10 f.)

Für den Teig: 500 g Mehl • 30 g Hefe
200 ml Milch • 40 g weiche Butter
½ TL Salz • 1 Ei
Für die Füllung: 500 g Zwiebeln
300 g durchwachsener Speck
30 g Butterschmalz • 150 g Knackwurst
75 g Zwiebelleberwurst
Außerdem: 2 Eigelb • 2 EL Kümmel

TIPP

Man kann für die Füllung anstelle der Zwiebelleberwurst auch die gleiche Menge Blutwurst verwenden und etwas getrockneten und gerebelten Majoran zugeben.

1 Das Mehl in eine Schüssel sieben, in die Mitte eine Vertiefung drücken. Die Hefe mit etwas lauwarmer Milch verrühren und in die Vertiefung gießen. Etwas Mehl vom Rand darüberstäuben und einen breiartigen Teig bereiten. An einem warmen Ort 20 Minuten gehen lassen.

2 Die Butter in Flöckchen und das Salz auf dem Mehlrand anordnen, von der Mitte her alles zu einem glatten Teig verkneten, dabei das Ei und die restliche Milch zugeben. Nochmals 30 Minuten gehen lassen.

3 Die Zwiebeln schälen, in feine Scheiben schneiden, den Speck in kleine Würfel schneiden. Beides in Butterschmalz goldbraun braten und auskühlen lassen. Die Knackwurst zerkleinern, die Leberwurst zerdrücken und beides unter die Zwiebelmischung mengen.

4 Den Teig durchkneten, zu einer Rolle formen und in 16 Stücke teilen. Jedes Stück ausrollen, in die Mitte etwas von der Mischung geben, dann den Teig zu einem ovalen Kloß formen und etwas flach drücken. Mit verquirltem Eiweiß bestreichen und mit Kümmel bestreuen.

5 Ein Backblech einfetten und die Küchlein im vorgeheizten Backofen bei 200 °C (Gas Stufe 3, Umluft 180 °C) etwa 20 Minuten backen.

Käseschnecken

Mürbteig
(→ Seite 10)

Für den Teig: 300 g Mehl • 2 TL Backpulver • 100 g Reibekäse • 2 Eier • Salz
2 EL Milch • 200 g kalte Butter
Für die Füllung: 125 g roher Schinken
3 EL Sahne • 125 g Reibekäse
2 EL gehackte Petersilie
Außerdem:
2 EL Sahne zum Bestreichen

1 Mehl und Backpulver mischen
und in eine Schüssel sieben, mit
dem Reibekäse vermischen. In die
Mitte eine Vertiefung drücken. Die
Eier, das Salz und die Milch hineingeben, etwas Mehl vom Rand darüberstäuben und einen breiartigen
Teig bereiten.

2 Die kalte Butter in Stückchen
darauflegen, etwas Mehl darüberstäuben. Von der Mitte her alles
zu einem glatten Teig verkneten,
30 Minuten kalt stellen.

3 Den Schinken in kleine Würfel
schneiden. Den Teig auf bemehlter Fläche ausrollen und mit Sahne
bestreichen. Reibekäse, Schinkenwürfel und Kräuter daraufstreuen. Den
Teig aufrollen, in 1 Zentimeter dicke
Scheiben schneiden und mit Sahne
bestreichen.

4 Ein Backblech einfetten, die
Schnecken auflegen und im vorgeheizten Backofen bei 200 °C (Gas
Stufe 3, Umluft 180 °C) etwa 20 Minuten backen.

TIPP

Besonders gut
schmecken die
Schnecken noch
lauwarm zu einem
grünen Salat oder
zu frischem Kräuter-
quark.

123

Schinkenröllchen

→ Foto

Quark-Öl-Teig
(→ Seite 11)

Für den Teig: 150 g Quark • 5 EL Milch
2 Eier • 6 EL Öl • 1 Prise Salz • 300 g Mehl
2 TL Backpulver
Außerdem: 200 g roher Schinken
125 g geriebener Käse
1 Ei zum Bestreichen

TIPP

Bei der Zubereitung von Quark-Öl-Teig sollte das Öl keinesfalls durch anderes festes Fett ersetzt werden.

1 Den Quark durch ein Sieb streichen und mit Milch, Ei, Öl und Salz verrühren. Mehl und Backpulver mischen, sieben und nach und nach einarbeiten.

2 Den Teig auf bemehlter Fläche ausrollen, mit einem Teigrädchen Quadrate von 9 mal 9 Zentimeter ausrädeln.

3 Den rohen Schinken in Würfel schneiden, die Quadrate mit Schinken und Reibekäse belegen und aufrollen. Die Ränder fest andrücken.

4 Ein Backblech einfetten, die Röllchen auflegen, mit Ei bestreichen. Im vorgeheizten Backofen bei 180 °C (Gas Stufe 2, Umluft 160 °C) etwa 20 Minuten backen.

Zwiebelbrötchen

Hefeteig
(→ Seite 10 f.)

Für den Teig: 500 g Zwiebeln
200 g Speck • 30 g Butterschmalz
250 g Weizenmehl • 250 g Weizenschrot
40 g Hefe • ¼ l Wasser • ½ TL Salz
50 g gehackte Walnüsse

TIPP

Wer es lieber vegetarisch mag, kann den Speck auch weglassen und stattdessen noch Röstzwiebeln (Fertigware) untermischen.

1 Zwiebeln schälen und in feine Scheiben schneiden, den Speck würfeln. Das Butterschmalz erhitzen, Speckwürfel hineingeben und auslassen. Zwiebelscheiben hinzufügen und braten.

2 Weizenmehl und Weizenschrot in eine Schüssel geben, in die Mitte eine Vertiefung drücken. Die Hefe zerbröckeln, in etwas lauwarmem Wasser auflösen und in die Vertiefung geben.

3 Etwas Mehl vom Rand darüberstäuben, alles zu einem breiartigen Vorteig verrühren. 20 Minuten zugedeckt an einem warmen Ort gehen lassen.

4 Salz und Nüsse auf dem Rand anordnen, alles von der Mitte her zu einem geschmeidigen Teig verkneten, dabei das restliche Wasser zugeben. Nochmals 30 Minuten gehen lassen.

5 Das Zwiebel-Speck-Gemisch unterkneten und weitere 20 Minuten gehen lassen.

6 Den Teig zu Brötchen formen, auf ein gefettetes Backblech legen und bei 200 °C (Gas Stufe 3, Umluft 180 °C) etwa 20 Minuten backen.

Über dieses Buch

Die Autorin

Oda Tietz studierte Germanistik und Geschichte und arbeitet seit über 20 Jahren als Journalistin. Ihre Schwerpunkte sind Kochen, Backen, Ernährung und das damit verbundene Brauchtum. Ergebnis dieser Tätigkeit ist eine Vielzahl höchst erfolgreicher Kochbücher. Oda Tietz lebt in Leipzig und ist Mitglied im Food Editors Club, Deutschland.

Die Fotografin

Helga Florian ist ausgebildete Fotografin und hat sich auf die Bereiche Food, Werbung und Digitale Bildbearbeitung spezialisiert.

Bildnachweis

Alle Fotos: Helga Florian, Weiden, mit Ausnahme folgender Fotos: Karl Newedel, München (10 unten links, 11 unten rechts, 107, 109, 113), Wolfgang Feiler, Karlsruhe (29, 31, 37, 41, 43, 51, 52, 95, 97), Barbara Lutterbeck, Köln (11 unten links, 61, 105). Alle Freisteller: Weltbild Bildarchiv, mit Ausnahme von Helga Florian (24, 44, 70), Karl Newedel (20, 80, 96).

Das Rezept zum Umschlagfoto finden Sie auf Seite 29.

Hinweis in eigener Sache

Unsere Rezepte werden von erfahrenen Autoren kreiert und erprobt. Wir freuen uns jedoch über Anregungen, Tipps oder Kritik und helfen bei Fragen gerne weiter. Bitte wenden Sie sich an: Weltbild Buchverlag, Steinerne Furt 67, 86167 Augsburg, oder schicken Sie uns eine E-Mail an: Gabriele.Beck@weltbild.com

Impressum

Es ist nicht gestattet, Abbildungen und Texte dieses Buches zu digitalisieren, auf digitalen Medien zu speichern oder einzeln oder zusammen mit anderen Bildvorlagen/Texten zu manipulieren, es sei denn mit schriftlicher Genehmigung des Verlages.

Weltbild Buchverlag
–Originalausgaben–
© 2008 Verlagsgruppe Weltbild GmbH, Steinerne Furt, 86167 Augsburg
4. Auflage 2008
Alle Rechte vorbehalten

Projektleitung: Bettina Spangler
Umschlagfoto: Karl Newedel, München (Stockfood)
Umschlaggestaltung: Bürosüd, München
Innenlayout: X-Design, München
Satz/Layoutrealisation: avak Publikationsdesign, München
Reproduktion: Point of Media GmbH, Augsburg
Druck und Bindung: Offizin Andersen Nexö Leipzig GmbH, Zwenkau

Gedruckt auf chlorfrei gebleichtem Papier

Printed in the EU

ISBN 978-3-89897-894-1

Blechkuchen von A bis Z

Blechkuchen nach Teigarten